Von den **Anfängen** bis zum **Hochmittelalter**

1

von Helmut Michels

WIE DAS RHEINLAND CHRISTLICH WURDE

Das *heutige Bistum Aachen* gibt es erst gut 60 Jahre. So scheint eine Geschichte der Diözese in Altertum und Mittelalter ein Anachronismus. Aber lange bevor Aachen Sitz eines Bischofs war, lebten zwischen Maas und Niederrhein Christen. Ihre *frühe Geschichte* soll hier erzählt werden.

UNTER DER HERRSCHAFT DER RÖMER

Von den Menschen der *Vorzeit*, die durch den Aachener Raum gezogen sind oder hier gesiedelt haben, sind nur einige Überreste erhalten: Werkzeuge aus Stein, Schmuck und Waffenteile aus Bronze. Diese Zeugnisse aus ältester Zeit verraten wenig. Mühsam und vorsichtig müssen wir versuchen, uns das Leben der Menschen in den Jahrtausenden vor Christi Geburt vorzustellen.

▪ *Antike Porträtbüste des C. Julius Caesar*

▪ *Keltisches Kopfrelief (Götterbildnis oder Totenmaske?)*

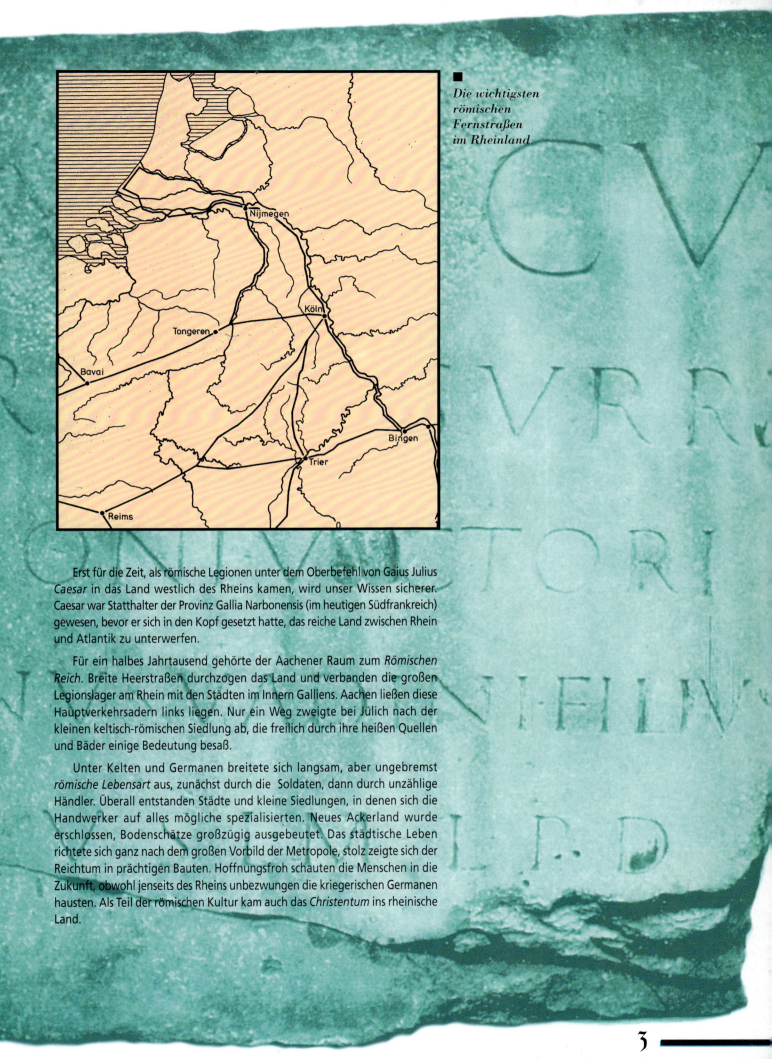

■ *Die wichtigsten römischen Fernstraßen im Rheinland*

Erst für die Zeit, als römische Legionen unter dem Oberbefehl von Gaius Julius *Caesar* in das Land westlich des Rheins kamen, wird unser Wissen sicherer. Caesar war Statthalter der Provinz Gallia Narbonensis (im heutigen Südfrankreich) gewesen, bevor er sich in den Kopf gesetzt hatte, das reiche Land zwischen Rhein und Atlantik zu unterwerfen.

Für ein halbes Jahrtausend gehörte der Aachener Raum zum *Römischen Reich*. Breite Heerstraßen durchzogen das Land und verbanden die großen Legionslager am Rhein mit den Städten im Innern Galliens. Aachen ließen diese Hauptverkehrsadern links liegen. Nur ein Weg zweigte bei Jülich nach der kleinen keltisch-römischen Siedlung ab, die freilich durch ihre heißen Quellen und Bäder einige Bedeutung besaß.

Unter Kelten und Germanen breitete sich langsam, aber ungebremst *römische Lebensart* aus, zunächst durch die Soldaten, dann durch unzählige Händler. Überall entstanden Städte und kleine Siedlungen, in denen sich die Handwerker auf alles mögliche spezialisierten. Neues Ackerland wurde erschlossen, Bodenschätze großzügig ausgebeutet. Das städtische Leben richtete sich ganz nach dem großen Vorbild der Metropole, stolz zeigte sich der Reichtum in prächtigen Bauten. Hoffnungsfroh schauten die Menschen in die Zukunft, obwohl jenseits des Rheins unbezwungen die kriegerischen Germanen hausten. Als Teil der römischen Kultur kam auch das *Christentum* ins rheinische Land.

Kultbild der keltischen Bärengöttin Artio

2 DIE ERSTEN CHRISTEN

Unter Kaiser Augustus, als das römische Kaiserreich einen ersten glanzvollen Höhepunkt erreichte, war in einem Provinzstädtchen am Rande der großen Welt *Jesus Christus* geboren worden. Seine Lehre hatte sich zunächst innerhalb der jüdischen Gemeinden ausgebreitet. Im Apostel Paulus fand die junge Kirche ihren ersten großen Organisator. Zu seiner Zeit nahmen auch schon *Griechen* den neuen Glauben an, und von Griechenland aus war das Christentum dann *in den Westen* des Römischen Reiches gelangt.

Dabei verbreitete sich die neue Lehre ungleichmäßig stark und ungleichmäßig eindringlich. Es waren *Kaufleute*, die sie im 2. Jahrhundert bis nach Südfrankreich gebracht hatten. Wie Bischof Irenäus von Lyon (+ nach 200) in einem Brief schreibt, gab es zu seiner Zeit auch schon *am Rhein* Christen. Bodenfunde haben diese frühe Nachricht bis heute nicht bestätigen können.

Beim Gottesdienst fanden sich *die christlichen Gemeinden*, die wir uns nicht zu groß vorstellen dürfen, zusammen. An ihrer Spitze standen Priester und Diakone. Anders als im stadtreichen Orient, wo jede Gemeinde einen eigenen Bischof besaß, ist *der erste rheinische Bischof* erst in der zweiten Hälfte des 3. Jahrhunderts geweiht worden. In Trier, damals einer der Hauptstädte des Reiches, hatte er seinen Sitz.

Anfangs war das Christentum vor allem eine *Religion der einfachen Leute* gewesen. Jedoch sprachen das von Jesus überlieferte Bild, der sittliche Gehalt seiner frohen Botschaft und das Engagement der Christen für Arme und Schwache jeden an. Wie sich *die Kirche dem römischen Staat gegenüber* verhalten solle, darüber waren sich die

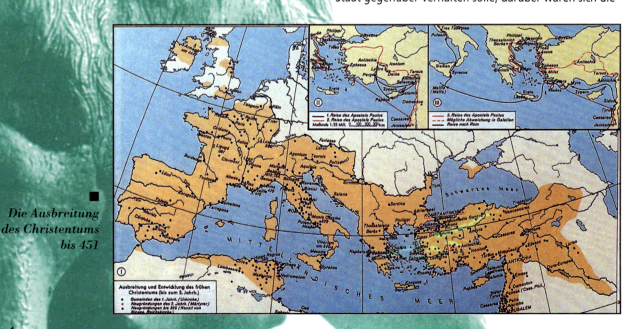

Die Ausbreitung des Christentums bis 451

St. Gereon in Köln (Querschnitt und Grundriß des römischen Baues)

frühen Christen uneins. Sollten sie ihn bekämpfen oder ihm treu sein? Hatte nicht Christus gesagt, der Kaiser erhalte mit Recht, was ihm zustehe? Sprach demgegenüber nicht Johannes in seiner "Offenbarung" davon, Roms teuflische Herrschaft gehe der Wiederkehr Christi unmittelbar voraus? Die römischen Behörden beobachteten die Christen nicht ohne Mißtrauen, duldeten aber ihren Glauben, wenn sie sich loyal zeigten.

Erst im 3. und zu Beginn des 4. Jahrhunderts, als das Reich durch unzählige Kriege in eine lebensbedrohliche Krise geriet, glaubten einige Herrscher, *in reichsweiten Verfolgungen* das Christentum unterdrücken zu müssen. Schwer war das Los der Verfolgten, die sich zwischen dem eigenen Tod und dem Verrat ihres Glaubens entscheiden mußten.

Unfaßbar schien es, als Kaiser Konstantin 313 in einem Erlaß erlaubte, die christliche Religion ungehindert auszuüben. Erst jetzt konnte sich das Christentum unbefangen ausbreiten. Am Ende des 4. Jahrhunderts wurde es selbst Staatsreligion, alle anderen Kulte verboten. Dies ist einer der großen *Wendepunkte der Weltgeschichte*. Nach der Verfolgung entstand die *Reichskirche*, das antike Imperium Romanum wandelte sich zum christlichen Kaiserreich, in dem sich schon das Mittelalter ankündigte.

Zwar blieben auch den rheinischen Christen *Prüfungen* nicht erspart; im Gegensatz zu anderen Teilen des Reiches kamen sie aber glimpflich davon. Hinweise auf den Tod von Märtyrern gibt es jedoch auch hier. In Legenden ist ihr Schicksal aufbewahrt und bildkräftig ausgeschmückt.

Die *Organisation der Kirche* paßte sich ganz dem regionalen Aufbau des Römischen Reiches an. Die Grenze der Stadtgemeinde und ihres Umlandes (civitas) war die Grenze des Bistums, deren Hauptstadt der Bischofssitz. Im Rheinland war ein solches Netz aber alles andere als lückenlos. Nach 300 sind neben Trier nur für Köln und Tongern sicher Bischöfe bezeugt.

Von hier aus dürften auch die *Bewohner Aachens* spätestens in der zweiten Hälfte des 4. Jahrhunderts von der christlichen Botschaft erfahren haben. Aber hier ist jede Aussage unsicher, fehlt es doch gerade für die interessanten Einzelheiten an Nachrichten. Uns unbekannte Männer und Frauen haben ihren Glauben unauffällig, aber unverdrossen weitergetragen. Jedoch war die Rheinarmee damals noch eher wenig christianisiert, und die Landbewohner hielten zäh *am alten Götterglauben* fest. In Aachen verehrte man an einer Wallfahrtsstätte den hochberühmten Heilgott Grannos und seine Gefährtin Sirona, die Herrin der Sterne. Auch Kulte aus Ägypten und dem Iran und der Glaube an Naturgottheiten oder philosophische Vorstellungen waren weit verbreitet. Aber, vermischt und vielen Moden unterworfen, verblaßte die Kraft solcher Praktiken und Auffassungen allmählich. Auch wenn sie nicht mit einem Schlag aus dem Denken und Fühlen der Menschen verschwanden, der Sieg des Christentums schien vollständig. Da drohten neue innere und äußere Gefahren.

3 DER HL. SERVATIUS, BISCHOF VON TONGERN

Vieles aus der frühen rheinischen Kirchengeschichte bleibt dunkel und namenlos. Aber ein Mann steht doch klarer vor uns: *der hl. Servatius,* der erste Bischof von Tongern, der in der Spätantike bedeutendsten Stadt des Maasgebietes. In den inneren Kämpfen der frühen Reichskirche mußte er sich bewähren.

Der *Streit um die Lehre des Arius,* eines Priesters aus Alexandrien (Ägypten), bewegte damals alle Christen. Für Arius gab es nur einen einzigen und wahren Gott, den sich der unwürdige Mensch nicht groß und erhaben genug vorstellen könne. Also sei auch Christus nur ein Geschöpf des Vaters, von ihm nur zu göttlicher Würde erhoben, keineswegs ihm gleichrangig.

Gegen Arius, dessen Auftritte und Predigten großes Aufsehen erregten, trat nun dessen Bischof auf, *Athanasius von Alexandrien.* Im Wortwechsel mit seinem Priester entwickelte er eine Christusvorstellung, die sich auf der ersten allgemeinen Bischofsversammlung (Konzil) der Kirche 325 in Nikaia als allgemein anerkannt (katholisch) durchsetzte. Ihre Formel, in der Aussagen des Arius verworfen wurden und die den gleichen Rang von Christus und Gottvater betonte, hat unser *Glaubensbekenntnis* (Credo) aufbewahrt.

Der hl. Servatius

Obwohl dieses Bekenntnis mit großer Mehrheit beschlossen und vom Kaiser selbst zunächst massiv gefördert wurde, kam *die arianische Frage* nicht zur Ruhe, und es dauerte noch zwei Menschenalter, bis sich

> "An den einen Herrn Jesus Christus (glaube ich), Gottes wahren Sohn, der vor aller Zeit aus dem Vater geboren wurde, Gott von Gott, Licht vom Licht, wahrer Gott vom wahren Gott (ist er), gezeugt, nicht geschaffen, er hat das gleiche Wesen wie der Vater. Alles hat er geschaffen.

das Nicaenum durchsetzte. Denn einige Nachfolger Konstantins schienen der Lehre des Arius näher zu stehen, und besonders im Osten des Reiches hatte die verworfene Ansicht noch lange einflußreiche Anhänger.

In diesen Streit wurde auch *Servatius von Tongern* hineingezogen. Wie alle Bischöfe der rheinischen Kirche trat er auf mehreren Konzilien mutig für das nicaenische Credo ein, widerstand selbst dem arianerfreundlichen Kaiserhof, unterzeichnete dann freilich eine Erklärung, die von dem auf Ausgleich bedachten Herrscher als Kompromiß formuliert war. Gleichwohl rühmt ihn Athanasius in einem Brief.

Wenn dem Bericht des Gregor von Tours zu trauen ist, der freilich 200 Jahre nach Servatius gelebt hat und sicher nur aus Legenden von ihm wußte, reiste der fromme Mann voller Besorgnis über das sündige Volk *nach Rom*, damit ihm dort am Grab des Apostels Petrus dessen Wunderkraft helfe. In Rom sei ihm dann im Traum der Apostel erschienen und habe Überfälle fremder Völker angekündigt. Er selbst aber müsse diese Notzeit nicht mehr erleben. Voller Unruhe in seine Bischofsstadt zurückgekehrt, habe Servatius den Christen dort Lebewohl gesagt und sich nach *Maastricht* begeben. Hier sei er schon bald gestorben und "neben der großen Landstraße" begraben worden. Als Todesjahr wird seit alters 384 angegeben; sicher belegt ist es nirgends.

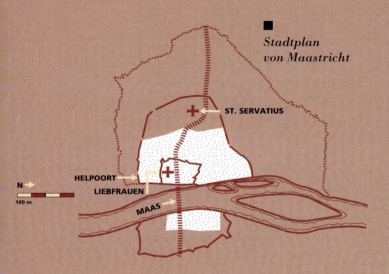

Stadtplan von Maastricht

Gregors Nachricht können wertvolle Aussagen über *das frühe rheinische Christentum* entnommen werden. Neben Tongern gab es am Ende des 4. Jahrhunderts auch in Maastricht eine christliche Gemeinde. Sie unterstand Bischof Servatius, dessen Amtsauftrag also nicht an den Toren seiner civitas endete. Servatius fühlte sich verpflichtet, den christlichen Glauben zu verbreiten; daß dies nicht leicht war, verschweigt Gregor nicht. Servatius schuf Zentren für Meßfeier und Gotteslob, für Glaubensverkündigung und Totengedenken. Nicht immer waren dies schon *Kirchen*, oft nur private Versammlungsräume oder alte heidnische Tempel.

Ein Großteil seiner priesterlichen Vollmachten gab der Bischof an von ihm berufene *Geistliche* weiter. In befestigten Plätzen (castella) und Dörfern (vici) an Maas und Rhein wie Aachen, Zülpich, Jülich, Neuß, Dinant und Huy betreuten sie die Christen. Ob diese Orte schon im 4. Jahrhundert unter Servatius und den Kölner Bischöfen oder erst in der Folgezeit christlich wurden, läßt sich für keinen Ort sicher sagen. Es fällt jedoch auf, daß am Niederrhein bisher erstaunlich wenig christliche Grabinschriften aus der Spätantike gefunden worden sind. Im 5. Jahrhundert beendeten jedenfalls dramatische Ereignisse die weitere Ausbreitung des christlichen Glaubens: die Eroberung der römischen Rheinprovinzen durch *die kriegsmächtigen Franken*.

Seit dem 3. Jahrhundert hatten fränkische Scharen in ungezählten Beutezügen die Bewohner des Rheinlandes drangsaliert, einzelne auch Siedelland gesucht. Große wirtschaftliche Not war die Folge, der Kampf ums Überleben und die Angst vor ungewisser Zukunft wurde allgemein. Nur das Christentum verschaffte den bedrängten Menschen einigen Lebensmut.

Mit äußerster Anstrengung hatten tüchtige Kaiser die Germanen immer wieder zurückgedrängt, viele auch in das römische Heer eingegliedert oder als Bauern angesiedelt. Nun aber, *um 400, brachen alle Dämme*. Ganze Germanenstämme drängten nach Süden und Westen, siedelten sich ungehindert auf Reichsboden an und behielten ihre politische Ordnung bei, gehorchten ausschließlich ihrem König. Die Kraft des Römertums war gebrochen.

Mit der Abwanderung oder dem Untergang der Oberschicht und der Landnahme durch die fränkischen Bauern verloren die linksrheinischen Gebiete ihren römischen Charakter. *Alle Lebensbereiche änderten sich* grundlegend. Die Vorlande von Nordardennen und Westeifel wurden erst viel später wieder besiedelt, lediglich Köln und Tongern waren noch Städte zu nennen, Xanten und Aachen nur mehr Kleinsiedlungen.

Auch für *das Leben der Christen* bedeutete das Zeitalter der Völkerwanderung einen tiefen Einschnitt. Für das gesamte 5. Jahrhundert kennen wir nur für Trier die Namen von Bischöfen, nicht für Tongern, nicht für Köln, nicht für Mainz. Waren die Bischofsstühle überhaupt noch besetzt, oder war das Wirken der Namenlosen so unbedeutend, daß man sie bald wieder vergaß? Würde mit den Römern nicht bald auch das Christentum verschwinden?

DIE AACHENER KIRCHE IM FRANKENREICH

1 DIE CHRISTIANISIERUNG DER FRANKEN

a.
DIE TAUFE KÖNIG CHLODWIGS

WIE DIE FRANKEN CHRISTEN WURDEN

Im gesamten 5. Jahrhundert hat die Kirche unter den im Rheinland siedelnden Germanen nicht missioniert. *Das Christentum der Romanen* zog sich in die Städte zurück und kapselte sich ab. Die neuen Herren machten ihm das Leben schwer, außer in Tongern und St. Alban in Mainz scheinen überhaupt keine neuen Gotteshäuser mehr gebaut worden zu sein. Da brachte der schicksalhafte Entschluß eines Frankenherrschers die entscheidende Wende: König *Chlodwig,* der in knapp dreißig Jahren ganz Gallien eroberte, wollte Christ werden.

Nachdem ihn der Bischof Remigius von Reims (+ 533?) im christlichen Glauben unterwiesen hatte, ließ sich Chlodwig am Weihnachtstag 499 (?) in dessen Bischofsstadt taufen.

> Es muß ein glanzvoller Staatsakt gewesen sein, von dem uns wiederum Gregor von Tours berichtet. Mit bunten Decken war die Stadt geschmückt, die Gotteshäuser mit weißen Tüchern behängt. Alles aber übertraf die Taufkirche. Hell schimmerte

Die Taufe Chlodwigs (Elfenbeinminiatur, heute Amiens)

> der Schein der Kerzen, Weihrauch in Fülle stieg auf. Nachdem Chlodwig vor allen erklärt hatte, er wolle Christ werden, trat er ans Taufbecken. Remigius sprach : "Demütig beuge Dein Haupt, Chlodwig aus dem Geschlecht der Sigamber, verehre, was Du verfolgt, verfolge, was Du verehrt hast." Chlodwig schwor Treue dem allmächtigen und dreieinigen Gott, und Remigius taufte ihn auf den Namen des Vaters, des Sohnes und des heiligen Geistes, salbte ihn unter dem Zeichen des Kreuzes mit Öl. Am selben Tag wurden 3 000 der vornehmsten Franken getauft. (nach Gregor von Tours)

Freilich wurden die Neubekehrten nicht von heute auf morgen andere Menschen. Wir müssen uns die *Christianisierung des Abendlandes* insgesamt als einen jahrhundertelangen Prozeß denken. Die Taufe konnte hier nur der Anfang sein. Obwohl also noch lange heidnische Bräuche und Vorstellungen fortwirkten, hatte der fränkische König mit seiner Taufe einen Grundstein gelegt für das abendländische Mittelalter. *Warum* aber ließ Chlodwig sich taufen?

Vielen Zeitgenossen schien der Entschluß ein sicherer Beweis für das unmittelbare Eingreifen Gottes in die Geschichte. *Wir* suchen nach anderen Erklärungen und finden sie in den wundergetränkten Quellen der Zeit selbst. Seit Beginn seiner Herrschaft hatte Chlodwig sich um ein gutes Verhältnis zu den Bischöfen Galliens bemüht, deren Einfluß auf seine romanischen Untertanen er kannte. Konnte dies seine Herrschaft nicht festigen und ausdehnen? Trotz solcher politischen Überlegungen wahrte Chlodwig dem neuen Glauben gegenüber zunächst Distanz. Zwar hatte er eine Katholikin geheiratet und auch die Taufe seines Sohnes erlaubt, er selbst aber zögerte und duldete in seiner Umgebung das arianische Bekenntnis, dem beinahe alle anderen Germanenkönige anhingen.

> *Ein persönliches Erlebnis entschied.* Während einer Schlacht, die er zu verlieren drohte, rief Chlodwig Gott um Hilfe an und versprach, Christ zu werden, wenn er nicht unterliege. Und tatsächlich: die Franken siegten. Wie ein Knecht seinem Herrn fühlte sich Chlodwig nun an den stärkeren Gott verpflichtet. Ihm wollte er folgen und treu sein. Er rief Remigius zu sich und überzeugte die anderen Frankenfürsten davon, daß Jesus Christus mächtiger sei als die alten Götter. (nach Gregor von Tours)

Dieses Ideal, *dem stärkeren Gott* auf der eigenen Seite bedingungslos treu zu sein, prägte die massive fränkische Religiosität. Sie äußerte sich im Bau von Kirchen und Klöstern, der barmherzigen Hilfe für Arme und Schwache, dem Glauben an die Wunderkraft der Heiligen; besonders Martin und Hilarius wurden verehrt.

So begann mit Chlodwigs Taufe etwas völlig Neues. Langsam, aber stetig *erholte sich die Kirche* unter seinen Nachfolgern von den Stürmen der Völkerwanderungszeit. Seit der Mitte des 6. Jahrhunderts sind uns wieder Bischöfe von Köln, Mainz und Tongern-Maastricht bekannt. Zuerst erlosch das Heidentum in den Städten, die Kölner Kirche trug die christliche Botschaft in die wieder heidnisch gewordenen Gebiete am Niederrhein, und der Trierer Bischof ließ in Nordeifel und Ardennen missionieren. Erst durch diese Glaubensverbreitung des 6. und 7. Jahrhunderts wurde das Christentum unter der rheinischen Bevölkerung Allgemeingut.

Die gallischen Bischofssitze im 6. Jahrhundert. Die Ausbreitung des Frankenreiches

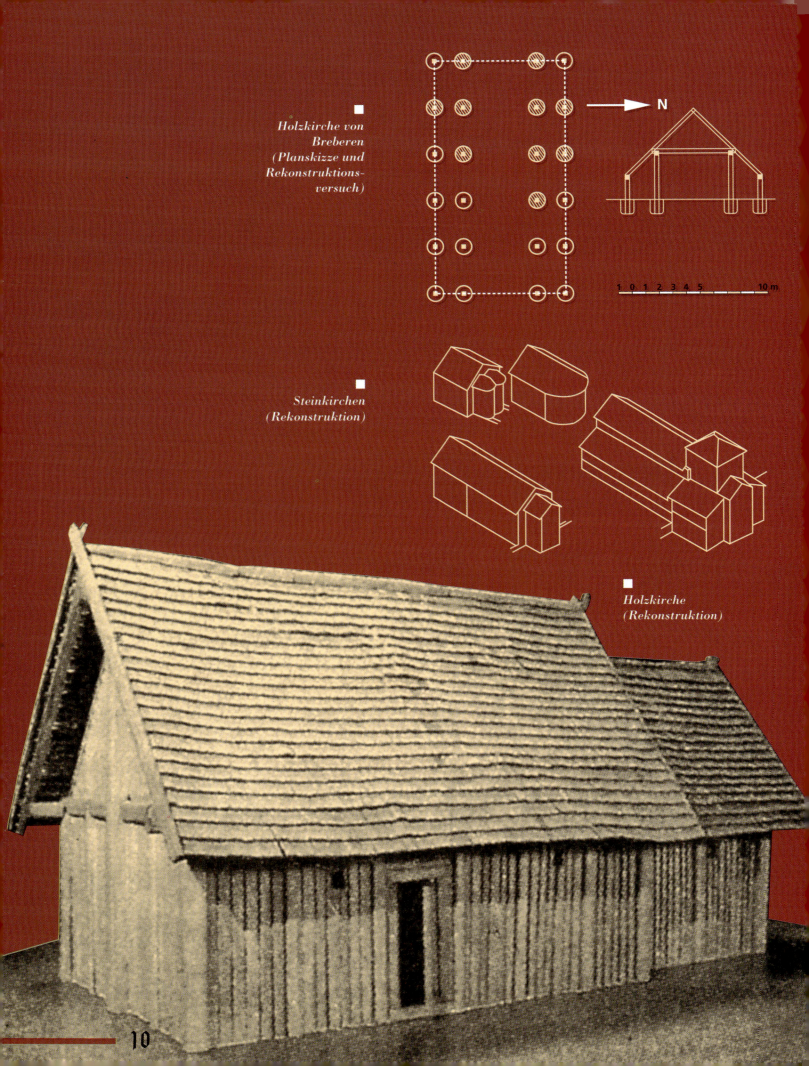

■ *Holzkirche von Breberen (Planskizze und Rekonstruktionsversuch)*

■ *Steinkirchen (Rekonstruktion)*

■ *Holzkirche (Rekonstruktion)*

Anknüpfungspunkte waren zunächst befestigte Siedlungen wie Aachen, Jülich und Maastricht, auch manche Gutshöfe überdauerten. Durch Rückschlüsse aus späterer Zeit lassen sich für das mittlere Maasgebiet die Namen der ersten *Großpfarreien* nennen, die das Land im weiten Umkreis seelsorgerisch betreuten: Liebfrauen in Maastricht, die Kirchen von Tongern, Dinant, Huy, Nassogne.

Angesichts des weiten und unwegsamen Landes hätte die Kirche die riesige Aufgabe allein nie erfüllen können. So fragte man adlige Herren, Bischöfe aus dem Inneren Galliens und den König selbst um Hilfe. Und keiner von ihnen hat sich verschlossen. Eifrig gründeten sie auf ihrem Grund und Boden Klöster und Kirchen und Kapellen, sorgten für Unterhalt und Seelsorger.

Nach dem altkirchlichen Recht hätte das Grundstück und die Kirche dem jeweiligen Ortsbischof gehört, der ja auch für die Einsetzung eines Priesters sorgen mußte. Aber im Frühen Mittelalter war dies vielfach unmöglich, und die Bischöfe werden froh gewesen sein, wenn ihnen andere einen Teil ihrer vielfältigen Aufgaben abnahmen. So entstanden überall bei den Gutshöfen und Dörfern sogenannte *Eigenkirchen*, die samt dem ansässigen Priester ihrem Gründer gehörten. Daß dies den Zusammenhalt der Diözesen gefährden mußte, war zweitrangig. Zunächst genügten kleinere *Holzkirchen*, in die sich die Bauern zu Gebet und Heiligenverehrung drängten. Im Aachener Raum wurden in den letzten Jahrzehnten Reste einer ganzen Reihe solcher Kirchen gefunden, so in Erkelenz, Geilenkirchen, Breberen, Doveren, Palenberg und *Pier*.

Nach dem Zweiten Weltkrieg konnte hier unter der 1824 neu errichteten Pfarrkirche St. Martin ein Friedhof aus der Merowingerzeit freigelegt werden, in den Ende des 7. Jahrhunderts eine dreischiffige Holzkirche hineingebaut worden war. Von ihr hatten sich freilich nur Pfostenlöcher erhalten. Jedoch reichen schon diese Spuren, um ihr Aussehen rekonstruieren zu können. An das im Westen ohne Vorhalle abschließende rechteckige Kirchenschiff war ein kleiner quadratischer Altarraum angesetzt. Auf der mit Steinen verkeilten mittleren Pfostenreihe ruhte die Dachlast. Diese Holzkirche, sicher mehrmals erneuert, wurde erst im 10./11. Jahrhundert abgerissen und durch eine kleinere *Steinkirche* ersetzt. Der Neubau wich etwas nach Nordosten ab. Im 12. Jahrhundert ist diese zweite Kirche dann nochmals erweitert worden.

In Pier wurde noch ein zweites wertvolles Zeugnis des fränkischen Christentums gefunden: der *Grabstein der Cheldofrida* (Hildfried). Stolz auf Ruhm und Ehre zu Lebzeiten, aber nicht weniger die Gewißheit vom Weiterleben in der Herrlichkeit Gottes sprechen aus seiner Inschrift:

> "In diesem Grab ruht die Herrin Cheldofrida in Frieden. Ihr Name erstrahlte und ihre Nachkommen erfreuen sich hohen Ansehens. In Gnade starb sie und in Frieden, 45 Jahre und ... Monate alt. In der Herrlichkeit Gottes ist sie aufgenommen vor seine Majestät, wo die Heiligen nicht aufhören, den Herrn zu preisen."

Welch ein Gegensatz zum *Grab des Herrn von Morken*, der doch nur knapp 100 Jahre vor Hildfried begraben worden ist! Während er, obwohl wahrscheinlich schon getauft, noch ein Goldstück im Mund getragen hat, um den Wächter am Tor zur Unterwelt bestechen zu können, zeigen die Worte des Pierer Grabsteins schon den Geist des christlichen Mittelalters. In nur einem Jahrhundert hatte sich die Welt des fränkischen Adels grundlegend gewandelt.

b.
DIE GRÜNDUNG DES KLOSTERS STABLO-MALMEDY

DAS IROFRÄNKISCHE MÖNCHTUM

Zwar hatte im Land zwischen Maas und Rhein schon mancher Einsiedler das Evangelium verkündet, aber noch fehlte es an einem Kloster, in dem sich viele Mönche, fest an einem Ort versammelt, auf Dauer Gebet und Seelsorge widmeten. *Die erste Klostergründung im Aachener Raum* gelang *dem irofränkischen Mönchtum*, das in der zweiten Phase der innerkirchlichen Restaurierung das fränkische Christentum entscheidend vertiefte.

Der Gründer des Klosters Stablo-Malmedy, *Remaclus*, wohl aus Aquitanien, dem Land südlich der Loire, stammend und um 600 geboren, war bis 645/46 Abt des Klosters Solignac (bei Limoges) gewesen. Von hier aus wanderte er in die Ardennen, um am Zusammenfluß von Warche und Warchenne mit wenigen Mönchen ein neues Kloster zu gründen.

Warum verließ dieser vornehme Mann seine Heimat mit ihren reichen Städten und großen Kirchen, mit ihrer hohen Bildung und ihrem angenehmen Leben? Warum tauschte er sie gegen eine gänzlich abgelegene Gegend mit rauhem Klima, Sümpfen und zerklüfteten Bergen, Bewohnern, die in Sitte und Sprache ihm fremd waren, bedroht von wilden Tieren?

Remaclus eiferte einem großen *Vorbild* nach: *Columban*. Mit zwölf Gefährten war der immerhin schon Fünfzigjährige um 590 aus dem Kloster *Bangor* an der Westküste Irlands ins *Frankenreich* gezogen. Dort gründete er eine Reihe bedeutender Abteien, so Annegray, Luxeuil. Schon bald trug seine Tätigkeit reiche Frucht, denn die Franken waren tief beeindruckt von Ernst und Strenge seines Glaubens. Zu Dutzenden traten sie in seine Klöster ein. Selbst dem König redete Columban ins Gewissen, so daß er fliehen mußte. Vom Hochrhein aus, wo er den Heiden predigte und im hl. Gallus einen weiteren Schüler gewann, wanderte er weiter nach Norditalien. In *Bobbio*, seiner letzten Klostergründung, ist er 612 gestorben.

Wie Columban wollte Remaclus das Vertraute und Angenehme aufgeben, um als gehorsamer Gottesknecht in der Fremde seinen Glauben zu bezeugen und zu verbreiten. Für diese Männer, die aus Irland oder dem Frankenreich

Der hl. Remaclus (Detailaufnahme von seinem Reliquienschrein)

stammten und daher dem irofränkischen Mönchtum zugerechnet werden, war diese Art der Weltflucht die höchste Form des Verzichts und Konsequenz einer ungeheuren Glaubensstrenge.

Anstoß für die Reise des Remaclus aus Solignac war freilich der Plan eines mächtigen und ehrgeizigen Adligen. *Grimoald* aus der Familie der späteren Karolinger wollte ein eigenes Kloster gründen. Zusammen mit dem befreundeten Erzbischof von Köln hatte er bald nach 640 bestimmenden Einfluß auf König Sigibert III. gewonnen. Und Sigibert war es dann auch, der 648 den Mönchen aus seinem Besitz das Land im Umkreis von zwölf Meilen schenken mußte.

Remaclus errichtete zunächst *eine kleine Kirche* für das tägliche Gebet und Wohnungen für die Mönche. Eine Vorschrift (regula), die aus Grundsätzen Columbans und Benedikts von Nursia zusammengestellt und von Remaclus aus Solignac mitgebracht worden war, bestimmte den harten und asketisch strengen *Alltag*. An der Spitze des Doppelklosters, denn bald nach Malmedy war gleich nebenan in der Diözese Lüttich Stablo gegründet worden, stand Remaclus, der *Abt und Bischof* der Mönche zugleich war. Auch diese Stellung hatte Remaclus als Charakteristikum von den Iren übernommen, in deren Heimat es keine Städte gab und die Bischöfe den Äbten untergeordnet waren.

Abgeschlossen von der Welt aber lebten gerade Remaclus und seine Mönche nicht. Sie *predigten* dem abergläubischen und noch an heidnischen Bräuchen festhaltenden Volk, sorgten für eine Heiligung des Sonntags, führten in der Seelsorge die *Beichte* und Bußlisten ein, die es den Christen erstmals ermöglichten, nur noch im vertrauten Gespräch und nicht mehr vor der gesamten Gemeinde die Sünden zu bekennen, wo man riskierte, aus der Gemeinschaft der Menschen ausgestoßen zu werden. So entstand allmählich aus einem von den Germanen verwüsteten Gebiet *eine christliche Kulturlandschaft*. Stablo-Malmedy, das bis zur Französischen Revolution bestand, hat Anteil an diesem Werk.

Sigibert III. überreicht Remaclus die Schenkungsurkunde (Darstellung einer Handschrift des 10. Jhs., Bamberg)

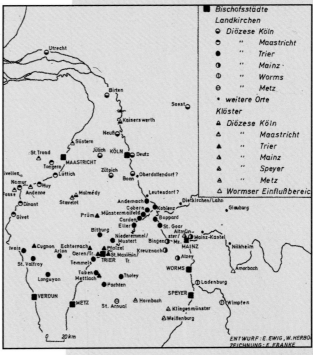

Kirchliche Karte (5. - Mitte 8. Jh.)

c.
BISCHOF LAMBERT WIRD ERMORDET

Im Morgengrauen des 17. September, vielleicht des Jahres 705, nähern sich schwerbewaffnete Ritter dem über der Maas gelegenen Landhaus des Bischofs *Lambert von Lüttich*. Wie räuberische Wölfe, so schreibt der Verfasser von Lamberts Lebensbericht, dringen der Domesticus Dodo und seine Leute in die Villa ein. Zunächst will Lambert sich wehren und greift zum Schwert, wirft dann aber die Waffe zu Boden und läßt sich niedermachen. Die überlebenden Gefährten legen den Leichnam auf eine Bahre, bringen ihn in seine Heimatstadt Maastricht und bestatten ihn neben seinem Vater in der Basilika St. Peter.

Rekonstruktion der von Bischof Hubert über dem Ort des Todes von Lambert errichteten Kirche

Wer war dieser Bischof, der durch einen Mord umkam? Lambert entstammte einer schon lange christlichen *Grafenfamilie*, die an der mittleren Maas reich begütert war. Sein Vater hatte ihn dem Bischof *Theodehard* von Tongern zur Erziehung übergeben. Theodehard war am Königshof ein einflußreicher Mann; die Kirche war mit der adligen Welt vollkommen verflochten. Freilich brachte dies auch Gefahren. Theodehard wurde ermordet und Lambert auf Wunsch der Maastrichter, auf Betreiben des Hofes und mit Zustimmung des Königs sein Nachfolger.

In seiner Diözese gab es für Lambert reichlich zu tun. Er *verbreitete das Christentum*, zerstörte heidnische Standbilder und Tempel. So hätte er friedlich sein Leben beschließen können, wenn nicht zwei seiner Neffen Verwandte des Dodo, eines hohen königlichen Beamten, erschlagen hätten. Dieser sammelte daraufhin Bewaffnete und übte an Lambert *Blutrache*. Damit ist Lamberts Geschichte erst zu Hälfte erzählt, und für seinen Biographen beginnt nun erst das Wesentliche. In St. Peter in Maastricht hören einige Kirchenbesucher

Reliquiar des hl. Lambert (1512)

bald Engelsstimmen, an der Stelle seines Todes werden mehrere Kranke geheilt, und Lambert selbst erscheint seinem Nachfolger Hubert im Traum. Für die Menschen damals gab es keinen Zweifel. Lambert war als *Märtyrer* gestorben und das Haus, in dem er erschlagen worden war, *ein heiliger Ort.* Hubert ließ dort eine Kirche errichten und 717 oder 718 die sterblichen Überreste Lamberts aus ihrem Maastrichter Grab heben, um die Reliquien in ihr beizusetzen. Über Nivelle und Heristal, wo weitere Wunder geschahen und zum Gedenken daran Kirchen errichtet wurden, ging maasaufwärts die feierliche Prozession. Das Volk verehrte Lambert von nun an auch mit Billigung des Bischofs als Heiligen. Ein Kleriker der Lütticher Diözese befragte Augenzeugen und entwarf in seinem Lebensbericht *ein neues Heiligenideal:* nicht mehr der in der Einöde lebende Asket galt als besonders gottgefällig, sondern derjenige, der - schön an Körper und Seele - ein frommes Leben und adlige Herkunft und Tugenden miteinander verband. Lamberts Lebensbericht wurde in Lüttich jedes Jahr an seinem Todestag in der heiligen Messe verlesen.

Schon Bischof Hubert hatte sich hauptsächlich in *Lüttich* aufgehalten, einem bis dahin eher unbedeutenden Flecken. Der rasch aufblühende Lambertkult steigerte dessen Bedeutung. So war *der Bischofsstuhl der alten civitas Tungrorum* nach Maastricht (spätestens Mitte des 6. Jahrhunderts) und seit Hubert (endgültig am Ende des 9. Jahrhunderts) nach Lüttich verlegt worden. Drei bedeutende Bischöfe und Heilige, Servatius, Lambert, Hubert, werden mit diesen Vorgängen in Verbindung gebracht. In ihren alten Titeln erinnerten die Lütticher Bischöfe an ihre Ursprünge. Schon Mitte des 6. Jahrhunderts errichtete Bischof Monulf über dem Grab seines großen Vorgängers Servatius einen "magnum templum", eine stattliche Kirche.

■ *Bischof Hubert läßt die Gebeine seines Vorgängers Lambert heben (Brügge 1463)*

2 AUFSTIEG UND HERRSCHAFT DER KAROLINGER

■ *Der hl. Willibrord (Hochmittelalterliche Buchmalerei)*

a. DER FRÄNKISCHE ADEL HILFT DEN ANGELSÄCHSISCHEN MISSIONAREN

Unter den Bischöfen Lambert und Hubert waren im Lütticher Bistum die letzten Spuren des Heidentums erloschen. Die Kirche aber ruhte nicht, den Missionsauftrag Christi zu erfüllen. Wohnten nicht an der Nordseeküste die heidnischen *Friesen*, die noch nie etwas von seiner frohen Botschaft gehört hatten?

Im Jahr 690 landeten an der friesischen Küste zwölf englische Mönche unter Führung des *hl. Willibrord*. Wie die Iren wollten sie Gott dienen durch eine Mission in der Fremde.

Willibrord war als kleiner Junge dem Abt des Klosters Ripon (Yorkshire) zur Erziehung übergeben worden. Hier wurde er unterrichtet, lernte den *Papst* in Rom als Gründer der englischen Kirche und unbedingte Autorität kennen. Zugleich wiesen ihn seine Lehrer auf die Friesen und Sachsen hin, heidnische Stämme auf dem europäischen Festland, mit dem eigenen Volk verwandt.

Willibrord zeigte neben missionarischem Eifer auch Wirklichkeitssinn. Die Friesen zu Christen zu machen, konnte nur gelingen, wenn man mit *dem fränkischen Adel* zusammenarbeitete und von ihm unterstützt wurde. Daher begab sich Willibrord gleich nach seiner Ankunft zum mächtigsten dieser Adligen, zu *Pippin* aus der Familie der Karolinger, der gerade einen Teil Frieslands erobert hatte.

Zugleich aber erinnerte sich Willibrord an die Ursprünge der englischen Kirche. Nachdem er in Friesland die ersten Christen getauft hatte, reiste er

692 nach Rom, um dort seine Mission segnen zu lassen. *Papst Sergius I.* (687-701) nahm ihn freundlich auf und gab ihm reichlich Reliquien für die neuen Kirchen mit. Willibrord und seinen Mitarbeitern galten diese Geschenke als unschätzbare Hilfe. 695 wanderte er erneut in die ewige Stadt, wurde dort zum Erzbischof der Friesen erhoben.

Einer von Willibrords Gefährten, *Suitbert,* war zur selben Zeit nach England gereist, um sich zum Bischof weihen zu lassen. Nach seiner Rückkehr faßte er einen mutigen Entschluß. Nicht in Friesland, sondern jenseits des Rheins im Gebiet der heidnischen Brukterer, zwischen Lippe und Ruhr, wollte er das Wort Gottes verkünden. Er war auch erfolgreich, bis ein verheerender Überfall der Sachsen diese Ansätze vernichtete. Suitbert mußte fliehen.

Pippin und seine Frau Plektrud halfen mit Schenkungen (u.a. *Keyenberg*; die Kirche *St. Maria im Kapitol*/Köln, in der Plektrud sich begraben ließ) und gründeten auf einer Rheininsel bei Düsseldorf *das Kloster Kaiserswerth*, das als Rückhalt für die weitere Mission dienen sollte. Hier ist Suitbert, schon bald als Heiliger verehrt, 713 gestorben. Seine Gebeine wurden in einem kostbaren Schrein verwahrt.

Wie Suitbert in Kaiserswerth so errichtete Willibrord in *Echternach* (im heutigen Luxemburg) ein Kloster. Auch hier unterstützten fränkische Adlige bereitwillig den Fremden, indem sie ihm für die Kirche Gold und Paramente (kostbare Tücher), für ihren Unterhalt Land und Einkünfte schenkten. Am Nordrand der Eifel liegt bei Zülpich das Örtchen *Berg*. Am nordwestlichen Hang eines von einem Bach durchflossenen Kessels hatten schon die Römer gesiedelt, und Gräber aus der Zeit des 6./7. Jahrhunderts zeigen, daß Berg auch unter den Franken bewohnt war.

Diesen Ort nun, "villa Montis in pago Tulpiacensi", schenkte *die Äbtissin Irmina von Oeren* (bei Trier) am 1. Juli des Jahres 699 Willibrord und seinen Brüdern samt allen Häusern, Gebäuden, Hütten, umliegenden Höfen, Feldern, Wäldern, Wiesen, Weiden mit allem Zubehör, mit Wassern und Wasserläufen und allen, die hier wohnten und arbeiteten. Das war eine sehr großzügige Gabe, und Willibrord ließ sogleich eine cella, eine kleine Niederlassung des Klosters mit einer *Kapelle*, errichten, damit die Einwohner Bergs auch regelmäßig das Wort Gottes hören und die Sakramente empfangen konnten. Aus der Kapelle ist später die Pfarrkirche Bergs entstanden.

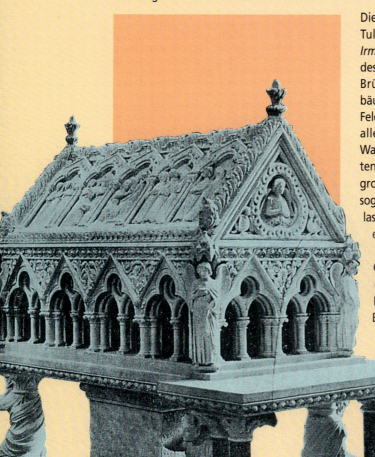

Grabmal Willibrords in der Krypta der Willibrord-Basilika seines Klosters in Echternach

Plektrud (Grabplatte aus dem 12./13. Jh.)

b.
DIE REFORM DER FRÄNKISCHEN KIRCHE

BONIFATIUS UND DIE CHRISTLICHE GRUNDLEGUNG DES ABENDLANDES

> "Wie mir selbst alte Männer berichten, haben die Franken seit mehr als achtzig Jahren weder eine Bischofsversammlung noch einen Erzbischof gehabt oder irgendwo das kanonische Recht der Kirche begründet oder erneuert. Größtenteils sind die Bischofssitze in der Hand habgieriger Laien oder ehebrecherischer, nur an Geld und weltlichem Genuß interessierter Kleriker." Die Priester könnten vielfach nicht einmal das Vaterunser, und ihre Lebensführung sei alles andere als vorbildlich. Mächtige Adelsfamilien sähen in den Bistümern Familienbesitz, den man wie selbstverständlich vererben könne.

Der hier voll Zorn und Empörung in einem Brief an den Papst die *Mißstände in der fränkischen Kirche* anprangerte und Zacharias I. (741-752) um Rat und Anweisungen für eine Erneuerung bat, war ein anderer angelsächsischer Missionar, Winfried, genannt *Bonifatius*.

Wie Willibrord war auch Bonifatius in einem englischen Kloster erzogen worden, hatte bei den Friesen den christlichen Glauben verbreitet. Vom Papst mit weiterer Mission beauftragt und zum Bischof geweiht, wandte er sich nach Hessen und Thüringen, um Heiden zu bekehren und das Christentum der dortigen Menschen von Aberglauben und Mißbräuchen zu reinigen. Hier und in Bayern gründete er Klöster und Bistümer. Seine bedeutendste Tat aber war die Reform der fränkischen Kirche. Mit Hilfe der merowingischen Könige war sie aufgebaut worden. Als deren Macht verfiel, wurde sie in den Niedergang mit hineingerissen.

■ *Die angelsächsische Mission und Kirchenorganisation auf dem Festland*

■ *Bonifatius tauft (Fulda 10. Jh.)*

*Düren
St. Anna Wallfahrtskirche,
am 16.11.1944 völlig zerstört*

Obwohl die Karolinger Bonifatius bei seiner Missionsarbeit unterstützt hatten, verweigerten sie bei der Kirchenreform zunächst ihre Hilfe. Zu sehr waren sie selbst auf die Unterstützung des fränkischen Adels angewiesen. Erst eine neue Generation, *Karlmann d.J.,* der wie seine Vorfahren als Hausmeier das höchste Hofamt innehatte, wagte den entscheidenden Schritt.

Bonifatius hielt zunächst im Frühjahr 743 eine *Bischofsversammlung* (Synode) ab, die einschneidende Beschlüsse faßte. Bonifatius wurde als Abgesandter des hl. Petrus zum Erzbischof ernannt. Jedes Jahr solle von nun an eine Synode stattfinden, um die Einhaltung der kirchlichen Vorschriften zu überwachen. Die vielerorts geraubten Einkünfte sollten unverzüglich zurückgegeben werden, den unwürdigen Priestern und Diakonen wurde eine Buße auferlegt, die Aufsichtspflicht der Bischöfe eingeschärft. Karlmann verkündete die Beschlüsse als Reichsgesetz.

Dessen *Durchsetzung* aber war schwierig. Obwohl in den nächsten Jahren weitere Reichssynoden tagten, stellten sich viele Adlige und Bischöfe gegen Bonifatius, und die Rückgabe des Kirchengutes erwies sich als unmöglich. Als dann noch der Förderer des Bonifatius, Karlmann, abdankte und in ein Kloster eintrat, wurde er ganz beiseite gedrängt. Seine Ideen und Anliegen aber wirkten fort, fränkische Bischöfe begannen, sich für die Reform einzusetzen.

Vor allem eines blieb. Von Bonifatius, den der drückende Alltag oft auch um Kleinigkeiten an die Päpste schreiben ließ, lernte die fränkische Kirche, die in Petri Namen ausgesprochenen Entscheidungen des Papstes schätzen. Was bis heute dauert, *die Bindung der Landeskirchen an Rom,* hat Bonifatius begründet. 748 wandte sich eine Versammlung der fränkischen Bischöfe, die Pippin in *Düren* zusammengerufen hatte, erstmals eigenständig an den Nachfolger des hl. Petrus und versicherte ihn ihrer Ergebenheit.

Bonifatius wird erschlagen (Fulda 10. Jh.)

Am Ende seines Lebens drängte es Bonifatius noch einmal zur Mission. Am 7. Juni 754 wurde er bei Dokkum von beutegierigen Friesen *erschlagen.* In *Fulda* hat man ihn begraben. Dort kommen noch heute jedes Jahr die katholischen Bischöfe Deutschlands zusammen, um sich an seinem Grab zu beraten.

Bonifatiusgrab im Fuldaer Dom

Das Frankenreich um 800. Aufenthaltsorte Karls d. Gr.

c.
AACHEN ALS RESIDENZ DES CHRISTLICHEN KÖNIGS

Im Mittelalter König zu sein, war ein mühsames Geschäft. Wo Konflikte drohten, wo größere Pläne ihn hinführten, da mußte und wollte er selbst sein. Ständig war *der Herrscher unterwegs,* um mal hier, mal dort Streit zu schlichten, Recht zu sprechen, den Armen und Schwachen zu helfen. Mit nur wenigen Bewaffneten zog er über schlecht befestigte Wege und durch unwirtliche Gegenden, vor seinen Gegnern niemals ganz sicher.

Und dennoch war der mittelalterliche Herrscher *eine ganz einzigartige Gestalt.* Wenn er sich einem Kloster oder einer Stadt näherte, läuteten alle Glocken, zogen ihm die Geistlichen feierlich entgegen, begleiteten ihn mit liturgischen Gesängen, schwenkten Weihrauchfässer, zündeten Kerzen an, als sei der Herrgott selbst gekommen. Und als dessen Stellvertreter auf Erden hat sich der König auch selbst gesehen, nannte sich seinen Erwählten und Beauftragten, Regenten des letzten der vier Weltreiche, dessen Herrschaft dem Reiche Gottes unmittelbar vorherginge. Die hohen Festtage der Kirche, Weihnachten und Ostern und Pfingsten, feierte der König an besonders wichtigen Orten, am Altar wurde er im Hochamt mit allen Zeichen seiner Königswürde bekleidet. Unter der Krone und mit all seiner Pracht daherschreitend, mußte er den einfachen Menschen, die ihn, wenn überhaupt, nur ganz, ganz selten sahen, tatsächlich wie eine Gestalt aus dem Jenseits erscheinen, als Abglanz der göttlichen Majestät. Die Merowingerkönige hatten ihre Versammlungen und Gerichtstage noch in den öffentlichen Gebäuden der Römerzeit abgehalten. Erst die Karolinger begannen, eigene Bauten zu errichten, die nach dem lateinischen Wort für Palast *"Pfalzen"* hießen.

Eine solche Pfalz war zunächst auch Aachen. Im Jahre 765 feierte Pippin, der erste karolingische König, Weihnachten und Ostern in "Aquis". In einer fränkischen Quelle ist Aachen erstmals seit 300 Jahren wieder schriftlich erwähnt und wird *"villa"* genannt, also als königlicher Gutshof bezeichnet. Darunter dürfen wir uns freilich nicht

Karolingische Münze mit der einzigen uns erhaltenen zeitgenössischer Darstellung Karls d. Gr. (Frankfurt nach 800)

Reiterstatuette des Karolingerkönigs Karl der Große (9. Jh.)

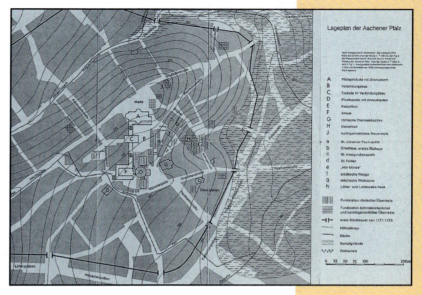

*Lageplan der
Aachener Pfalz*

bloß einen Bauernhof vorstellen. Die Wohn- und Schlafplätze und das benachbarte Dorf mußten schließlich ausreichen, um das königliche Gefolge aufzunehmen und über einen längeren Zeitraum zu versorgen; und die kirchlichen Feste konnte man nur in einem würdigen Gotteshaus begehen, das Pippin am Ort des heutigen Münsters hatte errichten lassen. Es lag inmitten einer antiken Badeanlage, in der die frühen Christen über dem Grab eines uns unbekannten Märtyrers eine Kapelle und einen Altar errichtet hatten.

Nicht anders als seine Vorgänger auch war Karl d. Gr. (768-814), der Sohn Pippins, in der ersten Hälfte seiner Regierung ständig von einem in den anderen Teil seines Reiches gezogen. Da entschloß er sich, irgendwann in der Mitte der achtziger Jahre, den Königshof in Aachen zu einer großen Pfalz auszubauen. Das war zunächst nichts Besonderes; auch andere villae hat Karl großzügig erweitern lassen. Aachen aber sollte etwas Einzigartiges werden: *eine Hauptresidenz*, die politische und geistige Mitte des Reiches, in der er sich im Winter ausruhen und besinnen konnte.

Denn inzwischen hatte Karl fast das gesamte Abendland unterworfen. Vom Ebro bis zur Elbe und vom Tiber bis zum Englischen Kanal reichte seine Herrschaft, umfaßte die alten Länder Gallien, Germanien und Italien. Seit 400 Jahren, seit dem Untergang des Weströmischen Reiches, hatte es so etwas nicht mehr gegeben. Keiner der bekannten Könige kam Karl gleich. "Regnum christianum", oder "Imperium christianum", das Reich der Christen, hieß das Karlsreich kurz und bündig.

Sichtbares *Symbol dieser Macht* sollte die neue Aachener Pfalz sein, ein Riesenwerk, für das Karl alle verfügbaren Mittel mobilisierte. Schon bald wagten die Dichter den Vergleich mit Rom, solch einen Eindruck machten die Bauten auf sie, aber nicht weniger Karls unerhörte persönliche Autorität, seine überlegene Gelassenheit, die unerschütterliche Ruhe in Glück und Unglück.

Von vielen Bauwerken wissen wir nur, daß es sie gegeben hat; wo sie lagen und wie genau sie aussahen, wissen wir nicht. Etwas mehr können wir über *die große Königshalle* sagen. Von ihr aus führte zur Pfalzkapelle, dem wichtigsten Gebäude der Anlage, ein von einem Schutzdach abgeschlossener breiter *Gang*. Wenn Karl morgens oder zum Nachtgebet zur Kirche gehen wollte, hat er diese Verbindung benutzt, die die Königshalle zu ebener Erde verließ und in der Kaiserloge des Hochmünsters endete.

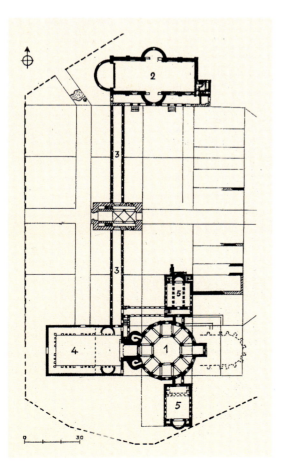

*Rekonstruktion des
karolingischen Pfalzbezirkes
(nach Hugot)*

d.
DIE AACHENER PFALZKAPELLE ALS GLAUBENSZEUGNIS

Der gewöhnliche Gläubige dagegen betrat die Aachener Pfalzkirche durch die bronzene Doppelflügeltür mit den berühmten Löwenköpfen. Durch den *Westbau,* über dem sich der rechteckige Glockenturm erhob, ging der Besucher in Richtung Hauptaltar und gelangte in den steilen, achteckigen *Zentralbau,* der von einem doppelgeschossigen Umgang umlagert war. In dieser zentralen Halle beeindruckten zunächst das gedrungene Untergeschoß mit seinen acht starken, in der Mitte eingewinkelten Pfeilern, die ohne Sockel aus dem Kirchenboden wuchsen und acht mächtige Bogentore bildeten. Ein kräftig vorspringendes Gesims schloß das Erdgeschoß ab. Über ihm hatte Karl in roter Farbe eine umlaufende *Inschrift* anbringen lassen, die Stolz über die Vollendung des Baus und Hoffnung auf eine glückliche Zukunft verrät. Ihre Worte lassen sich mühelos auf Karls Reich insgesamt übertragen.

> Indem lebendige Steine in friedlicher Einheit gefügt sind Und in gleichen Abmaßen alles zusammenstimmt, Glänzt leuchtend dieses Bauwerk des Herrn, der die Kirche errichtet hat, Und bringt die redliche Mühe der Menschen zu einem glücklichen Ende. Ihr Werk wird unvergänglich schön bleiben, Solange sein Stifter das Vollendete schützt und lenkt. Darum, oh Herr, laß dieses Gotteshaus, Das unser Princeps Karl gegründet hat, auf sicherem Grunde ruhen.

Das hohe *Obergeschoß* mit seinen weit steileren Bögen, in die doppelstöckige Säulengitter hineingestellt waren, fand einen vorsichtigeren Abschluß. Fenstergaden überragten es.

Wenn der Kirchenbesucher nun ganz nach oben blickte, sah er dreißig Meter über sich in der Kuppel eine als *Mosaik* ausgeführte Szene aus der Offenbarung des Johannes (Apk. 4,10). Der am Weltende wiederkehrende Christus erschien als Lamm, von den vier Evangelisten umgeben. Am Rande des Bildes springen die 24 Ältesten von ihren Sitzen auf, um dem Herrn mit ihren Kronen zu huldigen. Daß die Welt schon alt sei und Christus bald ein letztes Gericht halte, war den Menschen des Mittelalters eine gängige Vorstellung. Und auch Karl und seine Nachfolger, die von ihrem Thron im Hauptgeschoß das Mosaik genau sehen konnten, sollten erinnert werden, daß sie dann Rechenschaft abzulegen hätten.

Die verputzten Wände im Innern der Kirche waren zunächst wohl schmucklos; erst in späteren Jahrhunderten wurden sie bemalt, dann mit Mosaiken und Marmorplatten verkleidet. Allerdings hatte auch Karl an der *Ausstattung* seiner Kirche nicht

■ *Pfalzkapelle Westfront (nach Kreusch)*

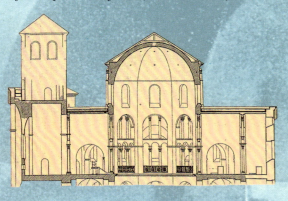

■ *Pfalzkapelle (Querschnitt)*

■ *Pfalzkapelle (Zentralbau)*

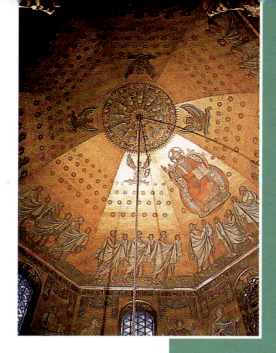

Kuppelmosaik (heutiger Zustand)

gespart. Mit Gold und Silber und Lampen und Gittern und Türen schmückte er sie reichlich, ließ eigens aus Rom und Ravenna kostbare Säulen und Marmor kommen.

Eine Kirche mit einem kuppelüberwölbten Zentralbau war für die Länder nördlich der Alpen etwas völlig Neues. Die Pläne der Aachener Pfalzkirche lehnten sich an die *byzantinische Baukunst* an, die Karl in Italien kennengelernt hatte.

Bisher war stets und wie selbstverständlich von der *Pfalz*kapelle die Rede, in der Karl mit seinem Gefolge und der Hofgeistlichkeit die Messe gefeiert habe. Diese Ansicht ist seit kurzem aber umstritten. Hatte Karl die Marienkirche nicht mit Land und Einkünften ausgestattet, also eher eine Kirche für die Aachener Pfarrgemeinde und ein an ihr gegründetes Kanonikerstift errichtet, deren Kleriker für das Heil von Kaiser und Reich beten sollten?

Von der Gründung eines solchen Stiftes, und gerade noch dieses hochberühmten, ist allerdings kein Zeugnis erhalten; wo sollte dann auch die der Aachener Gesamtanlage gemäße Kirche sein, die schließlich zu jeder Pfalz dazugehörte? Wir dürfen uns das Frühmittelalter wohl nicht so strikt bürokratisch vorstellen. Die baulich aufs engste mit der Königshalle verbundene Marienkirche mag zunächst als Pfalz- wie als Gemeindekirche gedient haben. Erst nach Karls Tod, als man seiner in seiner Grabeskirche besonders gedenken wollte, werden die ohnehin fast ständig hier anwesenden Kleriker in aller Form ein Kanonikerstift errichtet haben.

■ *Dom und Rathaus heute*

■ *Karlsthron und Inschrift (heutiger Zustand)*

e.
KARL DER GROSSE ERNEUERT DIE BILDUNG

So großartig aber den Zeitgenossen Karls Pfalz erschien, heute sind nur noch Teile erhalten und sichtbar. Dauerhafter waren andere Leistungen.

Die geistige *Kultur des Abendlandes* war vom 6. bis zur Mitte des 8. Jahrhunderts *verfallen.* Wenn für diese Epoche überhaupt Schrifttum überliefert ist, so bietet es sprachlich einen verworrenen Zwitter, eine Mischung aus dem Latein der Spätantike und dem volkssprachlichen Romanischen. Zwar fehlten Kulturbemühungen nicht ganz. Aber was erreichten sie? Außer verwilderten Abschriften älterer Literatur haben wir "nur einen ganz geringen Bestand eigener Produktion: Heiligenleben, historische Aufzeichnungen, Urkunden. Zwischen 600 und 770 gab es da keinen einzigen einheimischen Autor von literarischem Rang. Die erhaltenen Kunstwerke wirken roh, unbeholfen, abergläubisch. (...) Die Religion, zu der man sich doch intensiv bekannte, samt ihrer Kirche, ihrem Kult und ihrem Verständnis ihrer heiligen Bücher wurde in den Prozeß dieser Barbarisierung hineingezogen." (W. von den Steinen)

Schon die Männer um Bonifatius hatten versucht, diesen Zustand mit der höheren Bildung ihrer englischen Heimat zu überwinden; über Ansätze waren sie aber nicht hinausgekommen. Auch hier mußte Karl neu beginnen.

Karls Bemühen um eine höhere Bildung entsprang seiner Auffassung davon, was *die Aufgabe eines Herrschers* sei: der König hatte sich, damit Gott ihn und sein Volk segne, um den rechten Glauben zu sorgen, die göttliche Ordnung der Welt zu garantieren und wiederherzustellen. Beleidigte man nicht die Majestät des Herrn, wenn man sie mit falschen Worten, in verderbter Sprache pries?

So galt es, alles, was von den Vorfahren in schlechtem Latein überliefert war, zu *sammeln* und zu *reinigen*. Irrtümer mußten berichtigt, Überflüssiges entfernt, das Richtige hervorgehoben werden.

Allein freilich hätte Karl scheitern müssen. Wie die meisten Herrscher des Mittelalters konnte er weder lesen noch schreiben. Aber er gewann *die angesehensten Gelehrten* seiner Zeit, ließ sie aus dem ganzen Abendland, aus Spanien und England und Irland und Italien an seinen Hof kommen, damit sie ihn berieten, neue Lehrwerke verfaßten und die begabtesten Franken

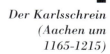

Der Karlsschrein (Aachen um 1165-1215)

Hrabanus Maurus überbringt, geleitet von seinem Lehrer Alkuin, dem hl. Martin seine Dichtung "De laudibus s. crucis" (Fiktive Szene einer Fuldaer Handschrift, um 840)

erzogen. Und Karl bewies einen einzigartigen Blick: er stellte den richtigen Mann an den richtigen Platz, regte die Gelehrten zum Nachdenken an, indem er über alles genauestens Bescheid wissen wollte. So sammelte sich am Karlshof allmählich ein Kreis, der mit dem Herrscher in zwangloser Runde diskutierte. Einer von ihnen, Theodulf, schildert sie uns.

Gerade haben Karl und seine Gelehrten die Messe besucht. Sie sitzen beim festlichen Mahl, als - es ist *Januar 796* - dem König ein Sieg des fränkischen Heeres über die Awaren gemeldet wird. Da ist zunächst *Alkuin*, der einflußreichste Berater Karls in kirchlichen Fragen. Er leitet die Hofschule, der die begabtesten Jungen aus dem gesamten Frankenreich zur Erziehung anvertraut werden. Karl selbst läßt sich von Alkuin unterrichten.

> Alkuin kam wie Willibrord und Bonifatius aus *England*. Als er im Auftrag des Erzbischofs von York, dessen Domschule er zur berühmtesten des Abendlandes gemacht hatte, zum Papst reiste, ist er Karl im März 781 in Parma begegnet. Sofort erkannte der fränkische Herrscher den Wert dieses Mannes und lud ihn ein, an seinen Hof zu kommen. 804 ist Alkuin im Kloster St. Martin in Tours gestorben, dessen Abt er seit 796 gewesen war.

An Alkuins Seite sitzt, so dürfen wir vermuten, sein Schüler Einhard.

> Einhard stammte aus einer am *Main* ansässigen Adelsfamilie. Nachdem sein Vater ihn im Kloster Fulda hatte erziehen lassen, war er von dessen Abt zu Alkuin gesandt worden. Einhard leitete seitdem die Bauten in der Kaiserpfalz, wurde auch von Karls Nachfolger geschätzt und unterrichtete dessen Sohn. Später zog er sich zurück und verfaßte nach antikem Vorbild Karls bedeutendste Biographie.

Karl und Alkuin (Miniatur des 12. Jhs.)

Auf die Begegnung mit dem Fremden hat Karl nicht mit Angst und Mißtrauen reagiert. Es weckte vielmehr seine Neugier, er lernte und sah, welche Chancen ein Zusammentreffen mit anderem bot. Das eigene Volk, auf dessen Leistungen er gewiß stolz war, sollte von den fremden Nationen lernen. Und die Goten, Angelsachsen, Iren und Langobarden waren bereit, diese Aufgabe in ihrem Gastland zu erfüllen. Wie groß doch die geistige *Weite* und nationenübergreifende *Kraft des karolingerzeitlichen Christentums* war! Seinem Bemühen verdanken wir, daß die heidnische und christliche Kultur der Antike nicht verlorengingen; auf den Leistungen von Karls Hofgelehrten fußt die Bildung Europas.

In den letzten Lebensjahren Karls ereigneten sich einige merkwürdige Dinge. Mehrmals verdunkelten sich Mond und Sonne, auf der sieben Tage lang ein dunkler Flecken gesehen wurde. In der Aachener Pfalz stürzte der Gang, der Kapelle und Königshalle verband, mit lautem Getöse ein; der auf dem Kirchendach angebrachte goldene Apfel fiel vom Blitz getroffen herab, und überall war ein verdächtiges Knistern und Knarren zu hören. Für die Menschen war klar, daß großes Unheil bevorstand. Und als dann gar in der Inschrift der Pfalzkirche das Wort PRINCEPS (KAROLUS) verblaßte, war sicher: die Zeichen kündigten Karls Tod an. Nur der Kaiser selbst, so berichtet Einhard, tat so, als ginge ihn das alles nichts an. Anfang November 813 hatte sich Karl, wie seit langem üblich, in seine Aachener Pfalz zurückgezogen, um in der Nähe der warmen Quellen den Winter zu verbringen. Mitte Januar zwang ihn ein Fieber, sich ins Bett zu legen. Die Krankheit wollte der Kaiser durch Fasten besiegen. Nur sieben Tage, nachdem er sich hatte niederlegen müssen, ist Karl gestorben. Der Erzbischof von Köln hatte ihm noch die Kommunion reichen können.

Einhard gehörte einer neuen Generation an, die unter fremder Anleitung in Verantwortung und Hofdienst hineingewachsen war. Sie erweiterte und bereicherte den Kreis, ohne ihre Lehrer zu verdrängen.

Theodulf selbst war um 780 an Karls Hof gekommen, nachdem ihn die Sarazenen aus *seiner spanischen Heimat* vertrieben hatten. Karl schätzte ihn als Theologen und Dichter, ließ ihn - eine ganz besondere Auszeichnung - die Grabsprüche für seine Frau und seinen Freund, Papst Hadrian I., verfassen. 798 ernannte der König den Flüchtling zum Bischof von Orléans.

Als Theodulf die Szene vom Gastmahl Karls schilderte, war einer der bedeutendsten Männer schon lange wieder nach Hause zurückgekehrt : *Paulus Diaconus.* Paulus war vielseitig begabt, trat als Geschichtsschreiber, Dichter, Sprachlehrer und Theologe hervor.

Noch an seinem *Todestag* wurde Karl, von allen tief betrauert, in der Pfalzkapelle beerdigt. Über seinem Grab errichtete man einen goldenen Bogen. An ihm waren sein Bild und eine *Inschrift* angebracht, in der knapp seine Leistungen festgehalten waren.

> Unter diesem Grabmal liegt der Leib des großen Karl, des rechtgläubigen Kaisers, der das Reich der Franken ansehnlich erweiterte und es über 47 Jahre hinweg glücklich regierte. Er starb im 70. Jahr seines Lebens, im Jahre des Herrn 814, in der siebten Indiktion, am 28. Januar.

Er stammte aus einer angesehenen *Friauler Familie* und hatte zunächst dem erbitterten Feind Karls, dem Langobardenkönig Desiderius, gedient. Als Pauls Bruder verhaftet wurde, weil er sich an einem Aufstand gegen die fränkische Herrschaft beteiligt hatte, reiste er an den Karlshof, um für dessen Freilassung zu bitten. Karl hieß seinen Gast, dem er doch auch mit Mißtrauen hätte begegnen können, herzlich willkommen und bat ihn geradezu, länger zu bleiben. Über vier Jahre hielt sich Paulus Diaconus in Karls Nähe auf, bevor er 786 nach Italien zurückkehrte. Als Mönch und treuer Verehrer des hl. Benedikt ist er, vielleicht 799, im Kloster Monte Cassino gestorben.

Erstaunlicherweise ist bis heute nicht sicher, wo *Karls erstes Grab* gelegen hat. Die schriftlichen Quellen schweigen, und mehrere Grabungen im Kircheninnern brachten keine eindeutige Antwort. Noch am überzeugendsten ist die Ansicht, er sei im Westbau begraben gewesen (H. Beumann).

3 DIE AUFLÖSUNG DES KARLSREICHES

a.
KAISER LUDWIG DER FROMME

DIE AACHENER KRÖNUNG VON 813

Gegen Ende seines Lebens, als Alter und Krankheit ihn schwächten, rief Karl seinen Sohn Ludwig zu sich. Auf seinem letzten großen *Reichstag in Aachen* (September 813) legte er den Bischöfen, Äbten, Herzögen und Grafen seinen Plan vor, den Kaisernamen auf Ludwig zu übertragen. Die Versammelten antworteten mit freudigem Zuruf, dieser Entschluß sei Gottes Eingebung.

Nachdem Karl so die traditionelle Zustimmung von Adel und Kirche für seine bedeutsame Entscheidung erlangt hatte, konnte Ludwig in würdiger Feier zum Mitkaiser und Nachfolger erhoben werden. Wie bei den Plänen für seine Aachener Kirche diente Karl auch bei dieser Zeremonie *Byzanz als Vorbild*. Diesem älteren Rivalen eiferte er nach, wollte ihm ebenbürtig sein.

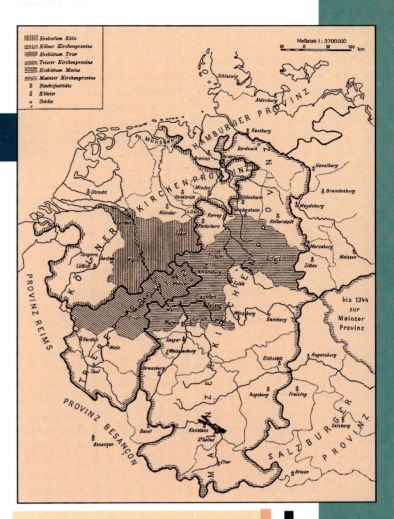

Die in karolingischer Zeit entstandenen Kirchenprovinzen im mittelalterlichen Deutschen Reich

> Am folgenden Sonntag legte Karl die kaiserlichen Gewänder an. Mit der Krone bedeckt ging er in die Pfalzkirche, trat vor den *Erlöseraltar* im östlichen Umgang des Obergeschosses und legte auf ihm eine zweite goldene Krone nieder. Zunächst beteten er und sein Sohn, dann erhob sich der Kaiser und sprach *in feierlicher Rede* Ludwig und die Versammlung an. Vor allem die kaiserliche Sorge um die Kirche betonte er. Immer solle Ludwig an seine Pflichten denken, die er Gott gegenüber habe. Auch ermahnte er ihn zur Ehrfurcht gegenüber den Priestern, zu väterlicher Liebe gegenüber den Untertanen, zu tätiger Hilfe gegenüber Klöstern, Armen und Schwachen.
>
> (nach Thegan, Leben Ludwigs)

Natürlich gibt der Bericht Thegans nicht den genauen Wortlaut der Ansprache wieder. Aber eines belegt er doch: mit welchem Ernst Karl sich *die Sache Gottes und der Kirche* zu eigen gemacht hatte und für wie wesentlich er und die Menschen des Frühen Mittelalters göttlichen Beistand für das Gelingen eines Werkes einschätzten.

Nachdem Ludwig versprochen hatte, mit Gottes Hilfe alle Gebote des Vaters zu halten, wurde ihm die bereitliegende Krone aufgesetzt. Die Umstehenden riefen: "Es lebe Kaiser Ludwig!" Nach einer feierlichen Messe kehrte Karl, von seinem Sohn gestützt, in den Kaiserpalast zurück.

Krönung Ludwigs d. Fr. (Entwurf, 19. Jh.)

b.
DIE GRÜNDUNG DES KLOSTERS INDEN (KORNELIMÜNSTER)

DIE KLOSTERREFORM BENEDIKTS VON ANIANE

Keine dreißig Jahre nach Karls d. Gr. Tod war sein Reich nach einem langen und blutigen *Bürgerkrieg* zerbrochen. Wie war es möglich, daß sein Erbe in nur einer Generation verspielt wurde?

Ohne Zweifel war *der neue Kaiser* von ernstestem Willen erfüllt. Schwer fühlte Ludwig der Fromme die Verantwortung, die ihm übertragen war. Und in der Tat: so mächtig das *Karlsreich* nach außen wirkte, innerlich war es *unfertig und unausgeglichen*, zu viel hatte Karl in kurzer Zeit zusammengezwungen. Noch er selbst hatte sich in seinen letzten Regierungsjahren darangemacht, das Frankenreich auch im Innern aufzubauen, war aber nicht entscheidend weitergekommen. So stellte sich für seinen Sohn die Lebensaufgabe wie von selbst. Als Vertreter einer neuen, stärker verchristlichten Generation trat er an, in bewußtem Rückgriff auf die Pläne der Großväter das Werk Karls zu vollenden.

Die Antwort auf die Herausforderung der Zeit war so einfach wie beeindruckend: die inneren Gegensätze sollten überwunden werden durch *den Gedanken einer allumfassenden Einheit*. Wie es nur *einen* Gott und nur *eine* Kirche gebe, so auch nur *eine* Herrschaft, die fränkische eben, und nur *einen* Herrscher, den Kaiser. Und dieses Gottesreich sollte Ludwig, Gottes wahrer Helfer (adiutor) auf Erden, zum Heil führen, indem er für Frieden und Gerechtigkeit (pax et iustitia) sorgte. Die kaiserliche Herrschaft als Amt und Dienst mochte alle Gegensätze überwölben, das gesamte staatliche und soziale Leben mit seinen christlichen Geboten durchdringen.

Die Erneuerung der fränkischen Kirche war also das Herzstück von Ludwigs Regierungsprogramm, der Renovatio regni Francorum. Und schärfer als zuvor wurden überall Mißstände wahrgenommen. Auf insgesamt vier großen *Kirchenversammlungen,* die seit 816 jedes Jahr in Aachen zusammenkamen, suchte man, der Verweltlichung der Kirche Herr zu werden. Indem nun allen Klöstern und Bischofskirchen, nicht mehr bloß den von den Karolingern beherrschten, der persönliche Schutz des Kaisers und andere Vorrechte zugesichert wurden, verpflichtete man die gesamte Kirche auf Leistungen für den Staat, schuf recht eigentlich erst *eine Reichskirche*. In ihr fehlte unsere heutige Trennung von Kirche und Staat; als Verstoß gegen die göttliche Ordnung der Welt wäre sie erschienen.

Das Leben der Geistlichen wurde geordnet, indem für sie trennende Satzungen aufgestellt und zwischen *Mönchen und Klöstern* auf der einen und in lockerem Verband zusammenlebenden *Kanonikern*

■ *Kaiser Ludwig der Fromme (zeitgenössische Darstellung)*

Benedikt von Nursia (Monte Cassino 11. Jh.)

und Stiften auf der anderen Seite unterschieden wurde. Die Abteien sollten nun nach einer für alle verbindlichen Norm leben, nach der Benedikts von Nursia. Das schien ungeheuerlich, hatten doch jahrhundertelang neben der *Benediktregel* Anordnungen anderer hervorragender Gestalten des abendländischen Mönchstums gegolten. Aber der Kaiser zeigte sich gegenüber Widerständen unnachgiebig. Schon auf dem ersten Reformkonzil kündigte er für das nächste Jahr eine Untersuchungskommission an.

Ob und inwieweit Ludwig selbst die Renovato regni Francorum erdacht und vorangetrieben hat, ist fraglich. Gewiß allerdings ist, daß er sie zumindest bis 821 energisch unterstützte und einen kleinen *Kreis hochbedeutender Reformer* in Schlüsselpositionen brachte. Allesamt stammten sie aus Südfrankreich, wo Ludwig vor 814 als Unterkönig regiert hatte. Agobard wurde Erzbischof von Lyon, Hilduin Erzkaplan und Abt des berühmten Klosters St. Denis, Helisachar stand der kaiserlichen Kanzlei vor. Die Beschlüsse der Reformsynoden über das Mönchtum gingen auf *Benedikt von Aniane* zurück, den Ludwig gleich 814 an den Kaiserhof gerufen hatte.

> Witiza, so hatte Benedikt ursprünglich geheißen, war um 750 als *Sohn eines südfranzösischen Grafen* geboren und am karolingischen Hof erzogen worden. Da änderte der Soldatentod seines Bruders sein Leben von heute auf morgen: er trat in ein Kloster ein, verließ es aber schon bald, weil ihm das Leben dort zu nachlässig schien. Auf dem väterlichen Erbgut in Aniane bei Montpellier errichtete er eine mönchische Zelle, lebte zunächst als Einsiedler, rang sich dann aber zum gemeinschaftlichen *Leben vieler Mönche* durch und entdeckte seine Lebensaufgabe, die seinem Auftreten historische Bedeutung gibt: die Ordensregel Benedikts von Nursia wollte er überall durchsetzen.
>
> Nun fand Benedikt von Aniane raschen *Zulauf*, war bald Haupt von über 300 Mönchen und kam in Kontakt mit Grafen und Bischöfen, für die er Klöster errichtete und Mönche ausbildete. So wurde beinahe zwangsläufig auch der König des Landes, Ludwig, auf ihn aufmerksam. Ohne Zweifel war der Karlssohn tief beeindruckt. Auch *seine* aquitanischen Klöster wurden nun reformiert. Die südfranzösischen Abteien blühten auf.

Auf Betreiben seines Beraters berief Ludwig die Reformkommission, *Benedikt selbst* erklärte auf den Kirchenversammlungen die Ordensregel, wies Irrtümer zurück, verwarf oder billigte fremde Deutungen, stellte aus früheren Konzilsbeschlüssen die täglichen Klosterbräuche (consuetudines) zusammen.

Damit sich alle vom Ernst der Reform anstecken ließen, wollte Benedikt ganz in der Nähe der Aachener Pfalz an einer Furt des Indeflusses ein *Musterkloster* gründen, in das er Mönche aus verschiedenen Abteien einladen wollte. Dort belehrt, sollten sie nach der Rückkehr in ihre Heimat die Reformgedanken über das gesamte Reich verbreiten.

Kaiser Ludwig erfüllte den Wunsch seines entscheidenden Beraters gern, zumal er in der Nähe der Residenz für sich eine Grablege und einen Ort zu stillem Gebet suchte. Reich stattete er die an der Kreuzung zweier alter Römerstraßen entstandene Abtei Inda mit Grundbesitz und Rechten aus, nahm selbst an der Weihe der Kirche teil, die in engem Zusammenhang mit der Reichssynode von 817 stattfand.

Die dreischiffige *Hallenkirche* war dem Erlöser (St. Salvator) geweiht. Mit einem Querhaus und einem davorgesetzten Chorrechteck hatte sie im Grundriß die Form eines lateinischen Kreuzes, dessen Spitze und Armen drei Apsiden (halbrunde Abschlüsse des Kirchenraumes) vorgelagert waren. In ihnen standen schmucklose Altäre. Die äußeren Maße der Kirche waren genau überlegt; sie beruhten auf dem Zwölfersystem, denn seit je galt die Zwölf als heilige Zahl. So zeigte der insgesamt sehr schlichte Kirchenbau den Geist seines Gründers: gerade dreißig Mönchen, einer kleinen Elite, bot er Platz.

Zunächst fanden Benedikts Ideen auch *reichen Anklang*. Zwei Mönche aus dem berühmten Kloster Reichenau schrieben nach Hause, was sie alles in Inden gelernt hätten über das Verhalten während des Gottesdienstes, bei Tisch und Ansprache, über das Totengedenken, das samstägliche Bad und die Aufnahme von Gästen.

Da unterbrach am 11. Februar 821 *Benedikts Tod* das große Werk. Ernst und Eifer eines überragenden Vorbildes hatten es vorangetrieben. Denn nachdem Benedikt, vom Kaiser tief betrauert, in einem von ihm gestifteten steinernen Sarg bestattet worden war, fiel Inden in die Rolle eines nicht allzu bedeutenden Reichsklosters zurück, das späteren Aachenwallfahrern

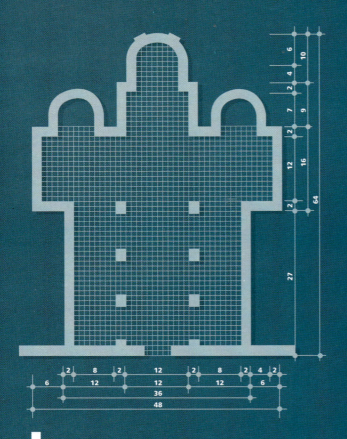

Kornelimünster (Grundriß des Gründungsbaus)

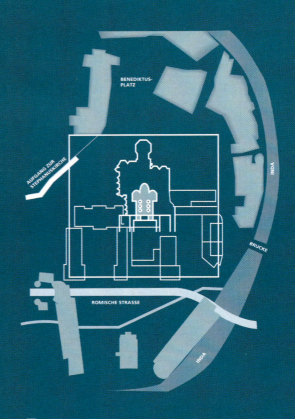

Kornelimünster (Gesamtanlage)

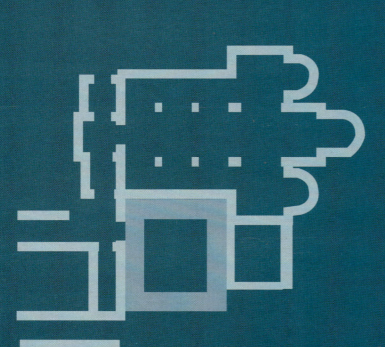

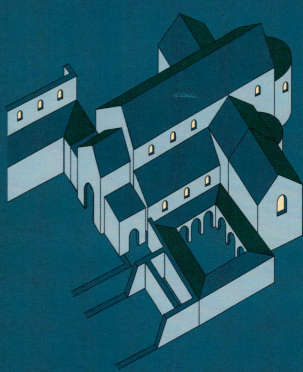

Abteikirche Kornelimünster (Rekonstruktion nach Hugot)

nur noch durch die Reliquien des hl. Kornelius bekannt war und deshalb Kornelimünster hieß. Das goldene Jahrfünft seiner Blüte endete mit dem Tod des Gründers. Und schon zeigte sich Widerstand, wurden Benedikts Lehren verschieden gedeutet, seine *Reform verzögert*.

Und dennoch: obwohl ihm nur wenige Jahre vergönnt waren, erwies sich sein Werk als *von epochemachender Fernwirkung*. Seit dem 9. Jahrhundert setzte sich im Abendland die Regel Benedikts von Nursia durch. Den zweiten Benedikt, den zweiten Vater des abendländischen Mönchtums hat man Witiza genannt. Erst die Bettelmönche des 13. Jahrhunderts fügten dem Ordensleben wieder grundlegend Neues hinzu.

Benedikts Tod aber hatte noch eine andere Folge. Nachdem schon die anderen Berater den Kaiserhof verlassen hatten, *endete 821 die große Reformzeit* von Ludwigs Regierung. Alles Spätere wirkt wie ein schwacher Abglanz des anfänglichen Willens. Mit dem Verlust seiner Ratgeber büßte Ludwig seine Autorität, die ruhige Sicherheit des Herrschertums ein. In den zwanziger Jahren des 9. Jahrhunderts setzte die *Auflösung des Karlsreiches* ein, die Aachen aus dem Zentrum eines Großreiches an den Rand eines seiner Nachfolgestaaten drückte. Für diesen Zerfall werden, jüngst immer deutlicher, strukturelle *Gründe* vorgebracht. Die Zeitgenossen, in wenig entwickelten Wirtschafts- und Verkehrsverhältnissen aufgewachsen, hätten Ludwigs Pläne nicht verstanden, und die Tradition, das Ewiggestrige, sichtbar hier in den seit Urzeiten von den Franken vorgenommenen Teilungen des Reiches unter die Söhne des verstorbenen Herrschers, habe die letztlich illusionären Reformer überwunden. So erscheint *Ludwigs Herrschaft* heute vielfach *in neuem Licht*, ja man erhebt zumindest ihren Anfang in den Rang eines Höhepunktes und Kernstückes der karolingischen Geschichte.

■ *Kornelimünster heute*

Daran ist manches richtig. Aber am Ende *ist* Karls Reich zerbrochen, und das entgegen Ludwigs ureigenster Absicht zu Beginn seiner Herrschaft; der Kaiser starb völlig allein, als ein Gescheiterter, verlassen von seinen Söhnen, begraben neben seiner Mutter in der alten Grablege der Karolinger in Metz. Auch Ludwigs Vorfahren stellten sich gewaltige Probleme, und doch wurden sie gemeistert. Und zumindest an einem Punkt zeigt sich Ludwigs persönliche Verantwortung. Als seine zweite Frau zunächst versteckt, dann immer offener gegen das Regierungsprogramm ihres eigenen Mannes intrigierte und es aushöhlte, wäre des Kaisers Wort gefragt gewesen. Aber hier, ohne den Rat seiner alten Freunde, erwies er sich als *schwankend und schwach*.

Aber letztlich ist das Versagen Ludwigs nicht zunächst sein persönliches Versagen, treten uns "die großen Gestalten des Frühmittelalters" doch vor allem "als Repräsentanten, als Verdichtungen sittlicher Mächte" entgegen (Th. Schieffer). Es ist das *Versagen einer späten Generation*. Für die Verchristlichung des Abendlandes aber haben dieselben Männer schlichtweg Entscheidendes getan.

Der adiutor Dei, der Garant für pax und iustitia war der Kaiser für die Reformer gewesen. So hatten sie es unter der Regierung Karls d. Gr. erfahren, und mit dieser scheinbaren Gewißheit waren sie groß geworden. Was sie nicht voraussahen und was sich dann zeigte, war das Gegenteil. Was tun und folgern?

Als Ludwig ungeahnte Gefahren und Kräfte nicht bannen konnte, *schwand seine Autorität* bei den inneren und äußeren Feinden seiner Monarchie. Seit den dreißiger Jahren fielen Normannen, Sarazenen und Ungarn in die Länder des ehemaligen Karlsreiches ein. Das Königsheil, das allen Reichsbewohnern Segen und Wohlergehen gesichert hatte, schien von den Karolingern gewichen.

C.
NORMANNENSTURM

■ *Das Karlsreich ist zerfallen*

In drei große Blöcke war das Karlsreich zerfallen. Wie das West - und Ostfränkische Reich hatte das lotharingische Mittelreich seit etwa 840 unter *den verheerenden Raubzügen der Normannen* zu leiden. Auch für die Kirchengeschichte ist ihr Auftreten wesentlich. Die Mainzer Synode von 888 brach in eine biblische Klage aus.

"Laßt uns also trauern wie der Prophet Jeremias und Wasser suchen in unserem Haupt und Tränenquellen in unseren Augen, damit wir die erschlagenen Kinder unseres Volkes beweinen! Denn wer vermag es, mit trockenem Auge die Leiden unseres Volkes und unserer Heiligen aufzuzählen? Schaut und bedenkt, was für glänzende und herrliche Kirchen angezündet, zerstört, ja ganz und gar vernichtet, wie die Altäre herausgerissen und zerschlagen, kostbare und bewundernswerte Schmuckstücke geraubt und vom Feuer vernichtet worden sind. Bischöfe und Priester wurden erschlagen und getötet, Männer und Frauen und Kinder jeglichen Alters durch Feuer und Schwert oder durch andere Todesarten dahingerafft. Alles, was wünschenswert und kostbar schien, ist uns entrissen. Es ist gekommen, wie den Juden gesagt wurde: Siehe, ich will dir nehmen, was dein Auge erfreut, und darüber wird zittern deine Seele."

(nach E. Dümmler)

An der englischen Küste waren die Normannen gegen Ende des 8. Jahrhunderts zuerst erschienen. Die "Männer aus dem Nordland" kamen aus Skandinavien, wo sie in kargen Tälern als Bauern siedelten. *Was sie antrieb,* übers Meer zu fahren, ist unklar. War es bloße Beute- und Abenteuerlust? Unzufriedenheit mit den heimischen Gesellschafts- und Herrschaftsverhältnissen? Oder zwangen Übervölkerung und klimatische Veränderungen sie, ihre Heimat zu verlassen?

Für vier Generationen waren sie *der Schrecken Europas.* Sie trugen wesentlich zum Zerfall des Karlsreiches bei. Mit ihren wendigen Drachenbooten fuhren sie *die großen Flüsse hinauf,* auf dem Rhein bis Worms, der Seine bis Paris. Ringsum verwüsteten sie Dörfer und Städte, brachten ihre Bewohner um. Wo sie auf entschlossenen Widerstand stießen, zogen sie ab, um so plötzlicher erschienen sie anderswo.

Nachdem König Alfred der Große die Normannen aus England vertrieben hatte, setzte sich ein Großteil von ihnen in der *Scheldemündung* fest und errichtete unter den Herzögen Gottfried und Siegfried bei Aschlo an der Maas (Asselt oder Elsloo?) ein befestigtes Lager. Maastricht, Tongern und Lüttich wurden von hier aus 881 geplündert und verbrannt. In einem zweiten Ansturm zogen die Normannen durch das *Rheinland.* Neuss, Jülich, Zülpich, Bonn, Köln gingen in Flammen auf, oft retteten die Menschen nur ihr eigenes Leben und die Reliquien ihrer Heiligen. Noch vor Jahresende wurden die Klöster Inden, Stablo-Malmedy zerstört, schließlich auch *die Aachener Pfalz.* Karls d. Gr. Pfalzkapelle benutzten die Normannen als Pferdestall, wie ein zeitgenössischer Chronist - über die Vergänglichkeit aller irdischen Macht nachsinnend- entsetzt vermerkt. Das Kaiserbad und den Palast brannten sie nieder, machten sich mit ungeheurer Beute davon. Nachdem sie am 6. Januar 882 die Prümer Abtei zerstört und die sich bewaffnende Landbevölkerung niedergemacht hatten, erreichten sie am Gründonnerstag die alte Kaiserstadt *Trier,* deren Bewohner sie töteten. Der konstantinische Dom, der die Völkerwanderung überstanden hatte, sank in Schutt und Asche. Das Kloster St. Maximin, vor dem Nordtor gelegen, wurde so gründlich zerstört, daß das Grab des Schutzpatrons nur durch einen glücklichen Zufall wiedergefunden wurde.

Für die Zeitgenossen waren die Normannen allzu deutliche *Zeichen des göttlichen Zorns* über die Sünden der Menschen. Verzweiflung breitete sich aus. Wer auch hätte Rettung bringen sollen?

d.
FRÜHMITTELALTERLICHE GRUNDHERRSCHAFT UND PFARRORGANISATION

WIE LEBTEN DIE CHRISTEN DAMALS?

Nachdem die Normannen 892 zum letzten Mal plündernd und mordend durch das Rheinland gezogen waren, machte sich *Regino*, der Abt des Klosters Prüm, daran, Besitz und Einkünfte seiner Abtei aufzuzeichnen. Was war nach all dem überhaupt noch übrig?

Reginos *Urbar* (Güterverzeichnis) hat sich in einer späteren Abschrift erhalten. Die Gutshöfe und die ihnen zugeordneten kleineren Bauernhöfe (Mansen oder Hufen) lagen in Südholland und Oberlothringen, an der unteren Lahn und an der mittleren Maas, waren also Hunderte Kilometer voneinander entfernt. Von Prüm aus konnte *dieser weitverstreute Besitz* unmöglich bewirtschaftet werden. Das Kloster hatte daher sein Land Bauern zur Nutzung geliehen, die ihm dafür genau festgelegte Abgaben in Form von Naturalien (seltener eine Geldsumme), Ehrengeschenke zu bestimmten Feiertagen und Hand- und Spanndienste an dem zentral gelegenen Herrenhof schuldeten. Dafür war der Grundherr wiederum zu Aufgaben verpflichtet, die bei uns heute der Staat erledigt: er hielt Gericht und sorgte für den Schutz der Menschen, wenn sie von einem Eindringling angegriffen wurden. Der Grundherr besaß also nicht nur das Land, sondern herrschte zugleich über die Leute, die auf ihm lebten und arbeiteten (*Grundherrschaft*).

Prüm war am Ende des 9. Jahrhunderts eine der reichsten Abteien Mitteleuropas. Es besaß nahezu 2000 Bauernhöfe, jedes Jahr hatte es *Anspruch* auf 2000 Doppelzentner Getreide, 1800 Schweine und Ferkel, 4000 Hühner, 20000 Eier, 250 kg Lein, 4 Seidel Honig, 4000 Eimer Wein, 1500 Schillinge, 70000 Arbeitstage und 4000 Fronfuhren. Vor allem die karolingischen Könige und Kaiser, deren Vorfahren das Kloster gegründet hatten, schenkten Prüm diesen riesigen Besitz. Seine *Schwerpunkte* lagen an der mittleren Mosel, dem Glan, in Rheinhessen und den Ardennen.

Eines dieser Zentren war in der fruchtbaren Jülicher Börde *der Herrenhof Güsten*, ein heutiger Stadtteil von Jülich. Der Güstener Güterkomplex umfaßte insgesamt 26 kleinere Höfe, die 220 Joch (1 Joch = ca. 1/4 Hektar) Acker- und 30 Joch Weideland bewirtschafteten. Zu jedem der umzäunten Hufen gehörte ein Wohnhaus, Wirtschaftsgebäude, ein Garten und ein Stück Wald. Neben dem Mansenbauern und seiner Familie wohnten hier, je nach Art und Größe des Hofes, Hirten und Förster, Erzgräber und Schmiede, Müller und Schiffer. Die Menschen sorgten also selbst für das, was sie täglich brauchten. Fleisch und Flachs, Schweine und Gerste, Holz und Hammel, Hühner und Eier mußten sie jedes Jahr abgeben.

Die Äbte von Prüm hatten in Güsten *eine Kirche* bauen lassen, waren also Eigenkirchenherren dieser Pfarrei. In Reginos Urbar werden drei Priester erwähnt, die sich um die Seelsorge der Bauern zu kümmern hatten. Wie alle übrigen Gebäude und Arbeitsmittel gehörte auch die Kirche zur dinglichen Ausstattung eines Herrenhofes. Die im Umkreis wohnenden Menschen konnten hier ihre Kinder taufen lassen, die Messe besuchen. Dafür gaben sie ihr seit dem Ende des 8. Jahrhunderts ein Zehntel ihrer Ernte. Auch dieser *Kirchenzehnt* gehörte dem Grundherrn. Dafür mußte er die Priester bezahlen, die Pfarrkirche bauen, ausstatten und erhalten, den Kirchenschatz stellen.

Seit der Einführung der Zehntpflicht wurden *die einzelnen Pfarreien* strikter voneinander geschieden. Aber Streit gab es zunächst kaum. Die Menschen des Frühmittelalters, die fast alle in der Landwirtschaft arbeiteten, lebten ja auf kleinen Siedlungsflächen, die wie Inselchen in den großen Wald - und Heidegebieten lagen. Erst im 11. Jahrhundert wurden die Pfarreien von den Lütticher und Kölner Bischöfen zu größeren Bezirken (Landdekanaten) zusammengefaßt. Schon zuvor hatten sie versucht, die Gläubigen zu Wallfahrten zur Bischofskirche oder zu einer nahen bischöflichen Eigenkirche zu verpflichten.

Angesichts dieser Verkehrs - und Lebensverhältnisse nahm die heimatliche Kirche einen Platz ein wie vorher und nachher niemals wieder. Nicht die universale Organisation der Kirche war wichtig, kaum der Bischof, erst recht nicht der Papst im fernen Rom. Vielmehr waren *Priester und Gemeinde* denkbar eng aufeinander bezogen und miteinander verbunden.

Güsten (heutige Pfarrkirche)

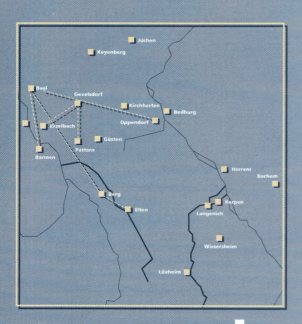

Farnbesitz der Prümer Abtei um 893

Die Grüter in der Jülicher und Zülpicher Börde

Die Arbeiten der mittelalterlichen Bauern (Salzburg 9. Jh.)

DIE KIRCHE IM REICH DER OTTONEN

1 DIE KÖNIGSERHEBUNG OTTOS I.

HERRSCHER UND REICHSKIRCHE

Die aus Sachsen stammenden Herrscher der liudolfingischen Dynastie gaben dem Ostfränkisch-Deutschen Reich den *Frieden* zurück, indem sie dem Königtum *neue Autorität* verschafften. Ein Chronist jubelte, nicht ohne Übertreibung, dem ersten dieser Herrscher, Heinrich I. (919-936), zu:

> "Der Tag würde nicht ausreichen, wollte ich erzählen, wie Heinrich es schaffte, daß das Reich wieder in Frieden leben konnte, das er doch in traurigstem Zustand übernommen hatte. Denn das Land wurde in allen seinen Teilen durch die heftigsten inneren Zwistigkeiten zerrissen und geschwächt. (...) Aber Heinrich hielt das Verderben auf. In kurzer Zeit verbreitete sich durch die Gnade Gottes eine gewaltige und bisher unbekannte Furcht unter den fremden Völkern, und die Reichsbewohner verband eine solche Einigkeit, wie sie nie gefunden worden war, selbst in den mächtigsten Ländern nicht."
>
> (Ruotger, nach W. v. Giesebrecht)

Kaiser Lothar I. (+855) ein Enkel Karls d. Gr., hatte Aachen als Kaiserstadt nochmals Rom gleichgestellt. Danach aber war es, ein Jahrhundert zwischen den Teilreichen hin- und hergezerrt, in Bedeutungslosigkeit versunken, aus der es erst wieder die Sachsenkönige herausrissen. Noch kurz vor seinem Tod hatte Heinrich I. für seine Nachfolge gesorgt, als er die vorläufige Ernennung seines Sohnes auf einem Hoftag in Erfurt durch die Fürsten bestätigen ließ. *In Aachen*, in der Pfalz Karls, sollte Otto d. Gr. *zum König erhoben* werden.

"An diesem Ort zusammengekommen, versammelten sich die Herzöge und die vornehmsten Grafen und Ritter in dem Säulenhof, der an die Basilika Karls des Großen stößt. Sie setzten den neuen Herrscher auf einen eigens dort aufgestellten Thronsessel. Dann huldigten sie ihm, versprachen Treue und Hilfe gegen alle seine Feinde. So wurde Otto zum König erhoben, wie es bei ihnen Brauch war.

Während die Fürsten dies taten, erwartete in der Pfalzkapelle Erzbischof Hildebert von Mainz mit allen Erzbischöfen, Bischöfen und Priestern den Einzug des neuen Königs. Als Otto eintrat, schritt Hildebert, angetan mit Albe, Stola und Meßgewand, den bischöflichen Krummstab in seiner Rechten, auf ihn zu, faßte ihn an der Hand und führte ihn in die Mitte der Kirche. Dort sprach er, zum Volk gewandt, das im oberen wie im unteren Säulengang stand und Otto genau sehen konnte: 'Seht, hier bringe ich euch Otto, den Gott erwählt und unser Herr Heinrich bestimmt hat, der nun aber von allen Fürsten zum König erhoben wurde. Stimmt ihr dieser Wahl zu, so erhebt eure rechte Hand zum Himmel.' Alle streckten ihre Rechte in die Höhe und wünschten dem neuen Herrscher Heil mit lautem Zuruf.

Dann trat der Erzbischof mit dem König, der nach fränkischer Art ein enganliegendes Gewand trug, hinter den Altar, auf dem schon die Zeichen der Königswürde lagen, das Schwert mit dem Wehrgehenk, der Mantel mit den Spangen, der Stab mit dem Szepter und schließlich das Diadem.(...) Zuerst griff Hildebert zum Schwert und sprach zum König: 'Nimm dieses Schwert und triff damit alle Feinde Christi, die Heiden und die lauen Christen, ist dir doch durch den Willen Gottes alle Macht des Frankenreiches übertragen, damit du dem Christenvolk den Frieden sicherst.' Sodann legte er Otto die Spangen und den Mantel an mit den Worten: 'Die Zipfel dieses Mantels, die bis zum Boden reichen, ermahnen dich, bis zu deinem Tod im Eifer für den Glauben zu entbrennen und den Frieden zu wahren.' Schließlich nahm Hildebert Szepter und Stab und sagte: 'Diese ermahnen dich, deine Untertanen mit väterlicher Zucht zu führen und dich der Diener Gottes, der Witwen und Waisen zu erbarmen. Und immer sei barmherzig, auf daß du ewigen Lohn empfängst.' Daraufhin wurde Otto von Hildebert und dem Kölner Erzbischof mit heiligem Öl gesalbt und mit dem goldenen Diadem gekrönt. Als so die Weihe vollzogen war, führten ihn die beiden Bischöfe zu dem Thron, den man auf einer Wendeltreppe erreicht. Er war zwischen zwei Marmorsäulen von wunderbarer Schönheit so errichtet, daß Otto von hier aus alle sehen und er von allen gesehen werden konnte.

Nachdem man das Te Deum gesungen und die Messe gefeiert hatte, stieg der König herab und ging in die Pfalz. Hier trat er an die marmorne, wahrhaft königlich geschmückte Tafel und setzte sich mit den Bischöfen und allen Herren. Die Herzöge des Reiches aber bedienten ihm zu Ehren die Gäste. Der Herzog der Lothringer, Giselbert, zu dessen Machtbereich Aachen gehörte, ordnete als Kämmerer die ganze Feier, Eberhard sorgte als Truchseß für das Mahl, Hermann der Franke führte die Mundschenken an und Arnulf bereitete als Marschall die Unterkunft für die Gäste. (...) Otto aber, königlicher Freigebigkeit gemäß, ehrte am Ende einen jeden mit Geschenken, wie es ihm zukam, und entließ schließlich alle frohen Herzens."
(Widukind von Corvey)

Alle, die an dieser feierlichen Königserhebung teilgenommen hatten, verstanden genau, *was Otto mit ihr sagen wollte*. Zunächst gab er den französischen Karolingern zu verstehen, Aachen und damit Lotharingien gehöre auf Dauer zum Ostfränkisch-Deutschen Reich. Hier, und nirgends sonst residiere der wahre Nachfolger Karls d. Gr., dessen Name sein Königtum erhöhte. Aber so sehr Otto an ihn erinnerte, in einem entscheidenden Punkt wurde mit der karolingischen Tradition gebrochen. Das Reich des verstorbenen Königs wurde nicht mehr geteilt, sondern ging als ganzes auf seinen Nachfolger über. Die Erhebung Ottos war sodann nicht allein ein staatsrechtlicher Akt, sondern eine heilige, ganz auf Gott bezogene Handlung, deren wesentlicher Teil, die Herrscherweihe, ja nicht ohne Grund in einer Kirche stattfand. Einträchtig wirkten in der Zeremonie die Mächte zusammen, die das Leben des damaligen Christen bestimmten: die Fürsten, die Kirche, der König.

Der 7. August 936 wurde in fast jeder Einzelheit *traditionsbildend*. Bis 1531 sind in Aachen dreiunddreißig weitere deutsche Könige auf den Karlsstuhl gestiegen. Des Reiches ureigenster Thron, "totius regni archisolium", wurde Aachen bald genannt. Nur wer hier erhoben war, durfte sich deutscher König nennen.

Die Kirche wurde, schon Ottos Erhebung machte das deutlich, zu einer tragenden *Säule der Königsherrschaft*. Die Bischöfe und Äbte erfüllten politische Aufgaben, dienten als Gesandte und in der königlichen Kanzlei, waren treue weltliche Herren, als einige Fürsten den König angriffen. Und Otto dankte es der Kirche, indem er ihr Schutz zusagte, reichlich Land und Hoheitsrechte schenkte. Daß der König damit endgültig zum *Herrn über die Reichskirche* geworden war, sie regierte, und die Bischöfe und Äbte wie andere Adlige ein weltliches Regiment über ihre Untertanen führten, galt als Gottes Wille. Hatte der König nicht durch die kirchliche Weihe teil am bischöflichen Dienst vor Gott? War er, der so Geheiligte, nicht der berufene Führer und Mittler zwischen Klerus und Volk? Die Autorität des Papstes wurde nicht bezweifelt, wirkte sich aber praktisch nicht aus.

2. DAS STAUNEN DER WELT - KAISER OTTO III.

a.
DIE GRÜNDUNG DES ADALBERTSTIFTES

DER KÖNIG ALS BRUDER DER STIFTSGEISTLICHEN

Die Karlstradition, die Otto d. Gr. aufgegriffen hatte, führte sein Enkel fort. *Otto III.* (983-1002) war schon in jungen Jahren zur Herrschaft gelangt. Sorgfältig erzogen, gebildet und empfänglich für das Ungewöhnliche, geriet er in den Bann hochfliegender Ideen. Indem er bedeutende Gelehrte und Männer, die in heiligmäßigem Ruf standen, an seinen Hof zog, verkörperte er in Person und Herrschaftsauffassung alle führenden geistigen Tendenzen seiner Zeit.

Nichts weniger als eine *Erneuerung des Römerreiches* (Renovatio imperii Romanorum) strebte Otto an. In ihm sollten Antike und Christentum zu einer höheren Einheit verschmelzen. Bis zu Konstantin, dem ersten christlichen Kaiser, griff Otto zurück, als er seine Idee in äußeren Formen zeigte. Am Tiber, im ewigen Rom, wollte er residieren, baute sich auf dem Palatin einen Kaiserpalast, führte an seinem Hof Titel und Ämter ein, die altrömische und byzantinische Vorbilder hatten, saß beim Königsmahl allein und erhöht an einem halbrunden Tisch, suchte die Sclavinia, Polen und Ungarn, an sein Reich zu binden und der Christenheit zu gewinnen. *Aachen* hatte in Ottos Plänen einen besonderen Platz. 997 hielt sich der Kaiser mehrere Monate in der Stadt Karls auf. Neben dem Romgedanken war es das Vorbild des Franken, zu dem er sich nachdrücklich bekannte. Wie Rom sollte Aachen mit einem *Kranz von neugebauten Kirchen* umgeben werden. Im Norden war ein Salvatorkloster geplant, im Süden die Burtscheider Abtei, im Osten eine Kirche zu Ehren des gerade von Heiden erschlagenen *Bischofs Adalbert von Prag*. Um 1000 ließ Otto sie auf einem vor der Stadt liegenden Felsenhügel errichten, der sich damals aus sumpfigem Gelände erhob.

Otto war *Adalbert* in Italien begegnet und von der empfindsamen Frömmigkeit des Mönches angezogen worden. Adalbert hielt den Kaiser zu Buße und Fasten, zu Wallfahrten und dauernder Gottesfurcht an. Otto, der Herr über drei Königreiche, wurde sein begeisterter Freund. Adalbert oder Wojtech, aus einer der vornehmsten Familien Böhmens hervorgegangen, hatte als *Bischof von Prag* zunächst unter seinen tschechischen Landsleuten missioniert, bevor mächtige Feinde ihn vertrieben. Auf dem Weg nach Rom hatte er den Kaiser getroffen.

Auf Dauer konnte Otto den ruhelosen Mann allerdings nicht an sich binden. Den im heutigen *Ostpreußen* lebenden Pruzzen wollte Adalbert auf Einladung des Polenherzogs Boleslaw Christi Botschaft verkünden. Bei Königsberg wurde er am 23. April 997 erschlagen.

Otto aber blieb den Idealen des schwärmerisch verehrten Freundes treu. Im Jahre 1000 wallfahrtete er mit großem Gefolge zum Grab Adalberts nach *Gnesen*, erhob die Stadt zum Erzbischofssitz, ehrte den Herzog als Teilhaber an seiner Herrschaft und erhielt dafür von Boleslaw einige Reliquien für die Aachener Kirche.

Nach dem Willen ihres Gründers war St. Adalbert weniger als Pfarrkirche denn als Gottesdienstraum für *ein Stift* gebaut worden. In einem Stift fanden sich mehrere Geistliche zusammen, die unter Leitung eines praepositus (Propst) lebten und gemeinsam Messen, Andachten, Prozessionen und die kirchlichen

■ *Heinrich II. und das Adalbert-Stift (18. Jh.)*

St. Adalbert (1572)

Stundengebete abhielten. Weil sie hier für ihre Freunde und Wohltäter beteten, erhielten sie Geld, Einkünfte von Gutshöfen oder die Ländereien selbst. Die Geistlichen waren auf einer Liste, dem Kanon, verzeichnet, nach dem sie Kanoniker hießen.

So hatte auch Otto das Adalbertstift versorgt, war aber schon bald nach Italien gezogen und gestorben. Kaiser *Heinrich II.* (1002-24) fühlte sich seinem Vorgänger verpflichtet. In mehreren Urkunden schenkte er dem Stift Güter, Zehnteinkünfte und Kapellen "zum ewigen Andenken an den großen Karl und besonders unseren Vorgänger Otto, auch an die anderen Herrscher vor uns, unsere Eltern, uns selbst und unsere Nachfolger. So diente er dem, von dem er die Vergebung seiner Sünden erhoffte, und ordnete sich in Demut ein in die große Kontinuität der Generationen und Herrscher vor und nach ihm.

Im Späteren Mittelalter hatte der König, der doch als Laie galt, ein besonderes Vorrecht: von verschiedenen Stiftskollegien wurde er als Bruder (frater) aufgenommen. Neben dem Kölner Domkolleg war die *Mitgliedschaft im Aachener Marienstift* die bedeutendste. Gleich nach seiner Krönung wurde der Herrscher an den Altar der hll. Simon und Juda geführt, wo ihn zwei Kanoniker erwarteten, der eine mit einem Stephansreliquiar, der andere mit einem Evangeliar in Händen. Der König dankte für die Aufnahme, schwor, die Vorrechte der Aachener Kirche zu wahren und sie vor Unrecht zu schützen, spendete Golddukaten und drei Fuder Wein. Dafür durfte er zu Weihnachten das Lukasevangelium verlesen, erhielt Sitz und Stimme im Stiftskollegium und einen Anspruch auf einen Teil von dessen Einkünften.

Daß der König als rex canonicus galt, war mehr als eine äußere Zutat des mittelalterlichen Herrschertums. Das *Königskanonikat* zeigt dessen innerstes Wesen, die tief und echt empfundene *Heiligkeit seines Gottesdienstes*. Dieser Gedanke hat weit in die Neuzeit hinein gewirkt. Ein Fenster im Arbeitszimmer König Philipps II. von Spanien im königlichen Palast bei Madrid ermöglichte den direkten Blick auf den Hochaltar und das Allerheiligste. Und die Berührung Ludwigs XIV., so glaubte das Volk, könne Kranke heilen.

Früher meinte man, *schon Otto III.*, ein großartiger Neuerer auch hier, sei in Hildesheim und wahrscheinlich auch im Aachener Münsterstift Kanoniker gewesen, nennt er doch in einer Urkunde die Stiftsgeistlichen seine Brüder. Doch ist damit wahrscheinlicher die *Gebetsverbrüderung* mit ihnen bezeichnet, die nach einer besonderen Abmachung den König oder andere hohe Laien auf eine besondere Liste setzte, das Buch des Lebens (liber vitae). Die Kanoniker hätten dann für das Heil von Ottos Seele und Herrschaft gebetet.

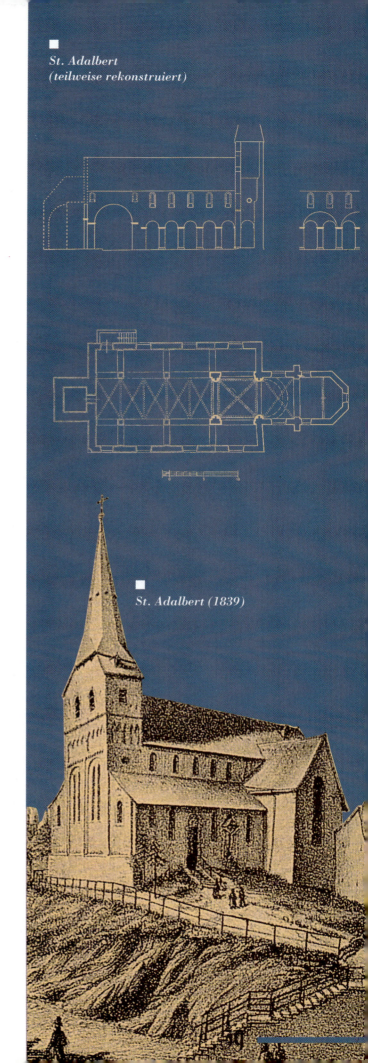

St. Adalbert (teilweise rekonstruiert)

St. Adalbert (1839)

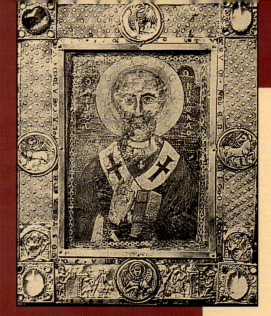

Nikolausikone (12. Jh.)

b.
DIE GRÜNDUNG DER ABTEI BURTSCHEID

MITTELALTERLICHES KLOSTERLEBEN

Nur weniges von Ottos weitreichenden Plänen wurde verwirklicht. Dazu gehört *die Abtei Burtscheid*.

Noch vor der Jahrtausendwende ließ sich auf einem über dem Wurmtal gelegenen Felsen im heutigen Süden Aachens zusammen mit einigen Mönchen *Gregor von Carchiara* nieder. Auch den Einsiedler aus Kalabrien hatte Kaiser Otto III. auf einem Italienzug kennengelernt und für eine Klostergründung in Aachen gewonnen.

Gregor kam aus einer adligen Familie und hatte als Abt des Klosters St. Andreas in Carchiara schon eine bedeutende Abtei geleitet, brachte für seine Aufgabe also reichlich Erfahrung mit. Nachdem er vor den Sarazenen geflohen war, die gerade das bis dahin vom Kaiser in Byzanz beherrschte Süditalien erobert hatten, war er nach Rom gezogen. Die Vollendung des Klosterbaus in Burtscheid hat Gregor nicht mehr erlebt. Schon 999 ist er fern der Heimat gestorben und in seiner Gründung begraben worden.

Burtscheid (1685)

Tor zur Abtei Burtscheid (1896)

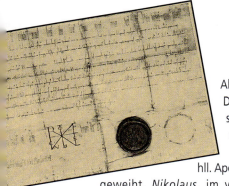

Aber auch er hat etwas Dauerhaftes hinterlassen. Die noch von ihm selbst errichtete Kapelle hatte er den hll. Apollinaris und Nikolaus geweiht. *Nikolaus*, im vierten Jahrhundert Bischof von Myra in Kleinasien, war einer der Hauptheiligen der Ostkirche. Daß er in Aachen, zum ersten Mal im Rheinland, als Kirchenpatron gewählt wurde und sich seine Verehrung auch in der deutschen Kirche ausbreitete, ist Gregors Vermächtnis. Er selbst soll die Burtscheider Nikolausikone aus Kalabrien mitgebracht haben. Wie beim Adalbertstift sorgte auch in Burtscheid der Nachfolger Ottos für die Vollendung. Unter *Heinrich II.* wurden die Abtsgebäude und die älteste Kirche errichtet, die Stiftung materiell abgesichert. Allerdings wechselte damals auch der Schutzheilige der Abtei. Johannes der Täufer war von nun an ihr Hauptpatron. Erstmals seit 140 Jahren war im nördlichen Rheinland wieder eine geistliche Gemeinschaft gegründet worden. 1220 wurde die Benediktiner- in eine Zisterzienserinnenabtei umgewandelt. Bis zu ihrer Aufhebung unter der französischen Herrschaft im Jahr 1802 hat so das Werk Ottos und Gregors bestanden. Über das Leben der Burtscheider Mönche ist uns nur wenig überliefert. Es dürfte sich aber kaum vom Alltag anderer Klöster unterschieden haben. Er war geprägt durch die lebenslange Verpflichtung zu Armut, Gehorsam und Keuschheit. Die Regel Benedikts von Nursia hielt die Mönche zu dauerndem Gebet und Handarbeit an.

Der berühmte St. Galler Klosterplan zeigt, was die Mönche tagtäglich taten. In der Mitte des Klosters lagen Kreuzgang und Kirche. Hier trafen sich die Mönche zum regelmäßigen Gotteslob, um ein Uhr nachts zuerst, beteten die Psalmen, sangen ihre Hymnen, hörten auf den Lektor, der aus der Bibel oder den Kirchenvätern vorlas. Von Ostern bis Pfingsten, der kirchlichen Hochzeit, gab es im Speisesaal (Refektorium) täglich zwei Mahlzeiten. Den Rest des Jahres mußte man sich meist mit einem Essen begnügen. An das Refektorium schloß sich der Schlafsaal (Dormitorium) an. In der Bibliothek (Scriptorium) entstanden in jahrelanger Arbeit kostbare Handschriften von Abschnitten aus der Bibel, Predigten der Kirchenväter und liturgischen Texten.

Die Gebäude an den Rändern des Klosters verraten, daß die Mönche auch körperlich anpacken mußten. Sie arbeiteten als Handwerker, Bauern, Hirten und Gärtner oder pflegten Kranke im Infirmitorium, bewirteten Gäste im Hospiz. So war das mittelalterliche Kloster eine kleine Stadt für sich. Es war aber nicht in erster Linie ein Wirtschaftsbetrieb. Etwas ganz anderes haben die Mönche in ihren *Klosterannalen* (Jahresberichten) niedergeschrieben. Das Leben des Menschen war ihnen nur ein Augenblick zwischen zwei Ewigkeiten, nichtig an sich und von Gott wunderbar gelenkt. Seine Führung aber offenbarte sich in Zeichen und Bildern, die in der *Natur* zu beobachten waren. Nichts darin war ohne Bedeutung. Brachten Sommer und Herbst eine reiche Ernte? Wie lange dauerte der Winter, wie begann das Frühjahr? Zeigte sich ein Komet? Oder wurde etwa im Nachbardorf ein Kalb mit zwei Köpfen geboren? Natur und Krankheiten fielen die Menschen an wie wilde Tiere. Besonders der Winter war in den meist ungeheizten Klostergebäuden schwer erträglich, ja krankheits- und todbringend.

Die Bauwerke selbst der bedeutendsten Äbte waren nur äußere Gehäuse; was die endlosen Reliquienverzeichnisse, Abtsviten, Legenden und Wunderberichte erzählten, ebenso wirklich wie die dauernden Gottesdienste. Die toten *Mitbrüder*, die unter dem Fußboden der Kirche oder auf dem Klosterfriedhof lagen, waren immer gegenwärtig. Auf Gottes nahes Gericht warteten sie ebenso wie die Gebeine der *Heiligen* in den Altären. Von ihnen strömte in einem fort ein unheimliches, magisches Leben aus, das den Klosterbau und die Menschen in ihm beseelte. In diesen abgeschlossenen Bezirk drangen die *Ereignisse der äußeren* Welt der Bischöfe, der Erzbischöfe, der Päpste, der Kaiser nur von ferne. Und es war ja auch ganz unbedeutend, *was* sie taten: viel wichtiger war, was ihre Taten *bedeuteten* als Zeichen der göttlichen Weltordnung. Nichts zeigt die Grenze zwischen diesem und unserem Zeitalter besser als dies : was nur überlieferter historischer Schutt und allenfalls antiquarisch interessant scheint, stand einmal in der Mitte des Lebens. (nach W. Bader)

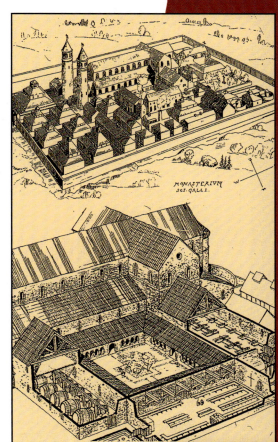

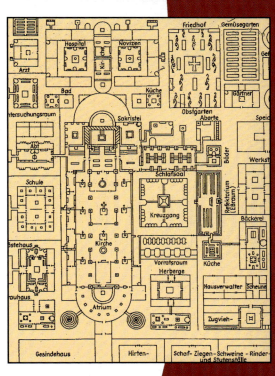

Rekonstruktion nach dem St. Galler Klosterplan. Schema (816 - 830)

*Otto III.,
Königskrönung in Aachen 983*

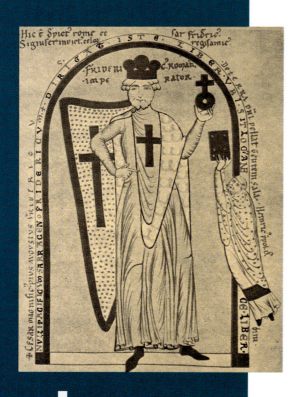

*Kaiser Friedrich I.
als Kreuzfahrer
(Bibliothek Rom)*

c.
DIE ÖFFNUNG DES KARLSGRABES

KARL D. GR. WIRD ALS HEILIGER VEREHRT

Als Otto III. von seiner Gnesener Wallfahrt ins Reich zurückkehrte, begleiteten ihn 300 polnische Panzerreiter. Wahrscheinlich folgte auch *Boleslaw* selbst dem Kaiser nach Aachen.

Hier, nur knapp zwei Jahre vor seinem Tod, erreichte die *Verehrung Ottos für Karl d. Gr.* mystische Züge. Seine Kirche wurde mit kostbarsten Geschenken bedacht. Und in einer Handlung von äußerster Symbolkraft ließ der Kaiser zu Pfingsten das Grab seines Vorbildes, "unseres allerberühmtesten Vorgängers", wie Otto ihn einmal in einer Urkunde nennt, im Marienmünster suchen und öffnen. Er kniete vor Karl wie vor einem Heiligen und nahm sein goldenes Brustkreuz und Gewandstückchen an sich. Am Ende wurde das Grab wieder sorgfältig verschlossen.

Diese Tat des Kaisers war für die *Zeitgenossen* unerhört, ja frevelhaft. Die einen mißbilligten sie, andere schmückten sie zur Begegnung des wahren Gottesdieners mit heiligen Reliquien aus. So berichtet schon einer, der dabei gewesen sein will, im Ton der *Legende*, die so formelhaft ist, daß man nicht jede Einzelheit glauben darf.

> "Wir traten bei Karl ein. Denn er lag nicht, wie es Brauch ist bei den Körpern anderer Verstorbener, sondern er thronte auf einem Hochsitz, als lebe er. Mit einer goldenen Krone war er gekrönt, hielt das Szepter in den Händen mit angezogenen Handschuhen. Durch sie waren bereits die Fingernägel hindurchgedrungen. Es war aber über ihm eine Decke, gefertigt aus Kalk und Marmorstein. Nachdem wir sie erreicht hatten, brachen wir gleich ein Loch in sie hinein. Als wir dann bei Karl eintraten, roch es sehr streng. Knieend beteten wir zu ihm; Kaiser Otto bekleidete ihn mit weißen Gewändern, schnitt ihm die Fingernägel und stellte alles Fehlende an ihm wieder her. Es war nämlich von Karls Gliedmaßen außer der Nasenspitze nichts vermodert. Sie ließ der Kaiser aus Gold ergänzen. Seinem Mund entnahm er einen Zahn, ließ die Decke wiederherstellen und entfernte sich."
> (Chronik von Novalese)

Daß Otto und seine Begleiter Karl auf einem Thron sitzend angetroffen haben, dürfte zur legendarischen Ausschmückung des Berichtes gehören. Eine Sitzbestattung ist sonst nicht bezeugt und wohl auch rein physisch kaum möglich. Warum aber ließ Otto überhaupt das Karlsgrab öffnen? Sicher war es nicht leichtfertige Neugier und häßliches Spiel mit dem Grauen des Todes. Vielmehr muß Otto bei dem erneuten Aufenthalt in Aachen vom überragenden Ansehen seines großen Vorgängers so gepackt worden sein, daß er persönliche Nähe, ja körperlichen Kontakt suchte. In Karl ehrte er den Ahnherrn seines eigenen Werkes; *Karls Geist und Reliquien*, denn ohne Zweifel betrachtete Otto Kreuz und Gewand des Franken als heilig, sollten die Renovatio segnen und zu Ende führen helfen. Nur Karls Autorität und Herrschertum schien dem eigenen Wollen gleich. Zeitlebens hat Otto die Begegnung mit dem Außerordentlichen gesucht, und noch kurz vor seinem Tod konnte er seinen Begleitern sagen, wo allein er bestattet werden wollte: in der Nähe Karls, in Karls eigener Pfalzkapelle.

Ein anderer bedeutender Nachfolger Ottos, *Friedrich I. Barbarossa* (1152-1190), hat dann die heiligmäßige Verehrung Karls zu Ende geführt. Er ließ ihn auch offiziell in die Schar der Heiligen aufnehmen. Seine Gebeine wurden gehoben und in den goldenen Schrein gelegt, in dem sie noch heute ruhen.

d.
DAS AACHENER EVANGELIAR

DER KAISER ALS STELLVERTRETER CHRISTI

Der Zauber von Ottos Persönlichkeit hat die *Vorstellungswelt seiner Zeitgenossen* entscheidend beeinflußt. Als kurz vor dem Jahr 1000, für das allgemein das Ende der Welt erwartet wurde, der uns sonst nicht bekannte Mönch Liuthar dem Kaiser eine überaus kostbare Abschrift der vier Evangelien schenkte, war das Widmungsbild eine ganz einzigartige Darstellung des ottonischen Herrschertums.

Schon der *Rahmen*, der in kaiserlichem Purpur das als überirdisch geltende Gold des Bildgrundes umfaßt, zeigt den Anspruch des Bildes. Wo in vergleichbaren Darstellungen Christus selbst thront, erscheint nun sein Abbild, der Kaiser. In feierlicher Frontalstellung dem Betrachter zugewandt und wie die alten römischen Caesaren mit Tunika und Chlamys bekleidet, sitzt *Otto* auf einem prächtigen Thron. Ihn trägt freischwebend eine gebückte Frauengestalt, ein Symbol für die Erde. Eine Mandorla, ein spitzovaler Heiligenschein, umfängt mit schmalem Rand die Darstellung des Kaisers. In die obere Spitze des Nimbus senkt sich vom Himmel herab die Hand Gottes und drückt dem jugendlichen Herrscher eine Krone aufs Haupt. Rechts und links von ihm halten die vier *Evangelistensymbole* ein leuchtend weißes Band, das schwungvoll an die Brust des Kaisers gedrückt ist. Zwei *Könige* mit geschulterten Fahnenlanzen verharren ehrfürchtig vor Otto, wagen kaum, ihre Augen zu erheben. Auf unterster Ebene stehen zwei *Herzöge* und zwei *Erzbischöfe*, erkennbar an Bewaffnung und Pallium (einer vom Papst verliehenen weißen Schulterbinde).

Die Darstellung steckt voller Symbole. In unerhört kühner Weise vergegenwärtigte sie dem Bildbetrachter den kommenden *Gottkönig*. Christus war der Kaiser und der Kaiser war Christus. Otto allein gehörte der irdischen und himmlischen Sphäre an, in die das Schriftband des Evangeliums das Bild zerteilt. Könige selbst, dargestellt sind wohl Boleslaw von Polen und Stephan von Ungarn, können sich dem verherrlichten, ja vergotteten Herrn der Welt nur ehrfürchtig nahen. Seine Regierung aber ist alles andere als Willkür und Tyrannei, sie ist die Herrschaft des Gotteswortes. Es möge das Herz des Herrschers umkleiden, wie Liuthar in seinen Widmungszeilen sagt, seine Regierung also eine Gottesherrschaft sein. Eindrucksvoller scheint *das kaiserliche Gottesgnadentum* nie wieder dargestellt worden zu sein.

Kaiser Otto III. starb mit nur zweiundzwanzig Jahren. Allzu früh, als daß er sein ehrgeiziges Ziel hätte verwirklichen können. Vergessen aber wurde er nicht. Als *Staunen der Welt*, als einen, der Großes ersann, ja Unmögliches wollte, hat man ihn gerühmt.

■
Widmungsbild des Aachener Evangeliars (Reichenau um 1000)

4 DAS ZEITALTER VON KIRCHENREFORM UND INVESTITURSTREIT

DIE GRÜNDUNG VON ST. VITUS IN MÖNCHENGLADBACH

DIE KLOSTERREFORMEN DES 10. UND 11. JAHRHUNDERTS

Viele Male haben im Frühmittelalter eifrige Mönche und Äbte auf *die Ordensregel Benedikts* von Nursia zurückgegriffen, wenn sie ihr Klosterleben in neuem Ernst ordnen und zu alter Strenge zurückführen wollten. Schon Benedikt von Aniane hatte das versucht, und seine Bemühungen waren nie vergessen worden. *Nach dem unruhigen 9. Jahrhundert*, das vielerorts die Klöster durch gewaltsame Eingriffe von Laien, wachsenden Reichtum und die Raubzüge der Ungarn und Normannen in Unordnung gestürzt und von ihren Idealen entfernt hatte, verlangte man überall nach einem *Neuansatz*. Seinem Eifer erschienen die vergangenen Jahrzehnte als eine Zeit unerhörten Verfalls.

Den Anfang bei den Erneuerungsbemühungen machte die nachmals hochberühmte Abtei *Cluny* in Burgund. Die Benediktregel sollte nun wieder voll und ganz befolgt, das Kloster aller Einwirkung von Adligen und Bischöfen entzogen, vor allem die Wahl des Abtes den Mönchen selbst vorbehalten werden. Um nicht ohne sichtbaren höheren Schutz dazustehen, unterstellte sich Cluny unmittelbar dem Papst. Bald hatten sich über tausend Klöster der Cluniazensischen Klosterreform angeschlossen. Um 1100 wurde hier eine der größten Kirchen des Abendlandes errichtet, deren Mittelschiff erstmals nicht von einer flachen Holzdecke, sondern - für alle Zeitgenossen ein Wunder - von einer Steinwölbung abgeschlossen wurde.

Nur wenig später, aber von Cluny unabhängig und aus eigenem Antrieb, wagten auch einige lothringische Klöster mit Hilfe von Bischöfen und Adligen einen Neuanfang. In *St. Maximin vor Trier*, nur gut fünfzig Jahre zuvor von Normannen bis auf die Grundmauern zerstört, erreichten es die Mönche 934, daß ihr Abt, der keine kirchliche Weihe empfangen hatte, freiwillig auf sein Amt verzichtete. Das Klosterleben wurde neu geordnet, die Zahl der Brüder und Schenkungen wuchs. Mit der tatkräftigen Unterstützung durch den deutschen König erlebte St. Maximin eine Blütezeit, in der seine Mönche die neuen alten Gedanken an viele Klöster im Reich weitergaben. So wuchs, anders als im französischen Cluny, ein königstreues Reformmönchtum.

Gero und Sandrad mit dem Modell des Münsters (18. Jh.)

Damit sich die Klosterreform auch im Kölner Bistum ausbreite, gründete Erzbischof Brun, Bruder Ottos d. Gr. und Symbolfigur der Symbiose von Königtum und Kirche im Ottonischen Reich, in seiner Bischofsstadt *die Abtei St. Pantaleon*. Ihr erster Abt war mit einigen Mönchen aus St. Maximin nach Köln gekommen war. Unter ihnen ragte *Sandrad* hervor, eine der bedeutendsten Ordensmänner seiner Zeit und Gründer des Klosters St. Vitus in Mönchengladbach.

Sandrad hatte als Cellerar von St. Maximin dessen gesamten Klosterbesitz verwaltet. Dem Kaiser selbst, an der Verbreitung der Klosterreform im gesamten Reich interessiert, war Sandrads unerbittliche Strenge und Regeltreue aufgefallen. Er ließ ihn in das traditionsreiche Kloster St. Gallen reisen, damit er kontrolliere, ob die St. Galler auch treu der Regel des hl. Benedikt folgten.

Als Erzbischof Gero von Köln, dem Vorbild seines großen Vorgängers Brun nacheifernd, ebenfalls ein Kloster gründen wollte, konnte er Sandrad gewinnen; er war wohl in St. Pantaleon auf ihn aufmerksam geworden. Gero und Sandrad wählten einen "incultus mons", einen nicht urbar gemachten Hügel *im späteren Mönchengladbach*, auf dem sie eine ältere, aber zerstörte Siedlung und, alter Überlieferung nach, auch Reliquien des hl. Vitus fanden. Sogleich machte sich Sandrad daran, mit seinen Mönchen Wohngebäude und eine einfache Klosterkirche zu errichten. Aber erst Sandrads Nachfolger konnte diese Arbeiten abschließen.

Denn die Neugründung hatte *zunächst kein günstiges Schicksal*. Als Abt eines Kölner Eigenklosters in der Diözese Lüttich konnte Sandrad, der sich doch mit seinem Herrn wie mit dem Lütticher Bischof gut stellen mußte, leicht ins Zwielicht geraten. So hat Erzbischof Warin (976-985) den ersten Gladbacher Abt nach Differenzen abgesetzt. Die Kaiserin Adelheid, deren Beichtvater Sandrad war, überließ ihm das Kloster Weißenburg/Elsaß, damit er es reformiere. Von Warin zurückgerufen, ist Sandrad kurz vor 985 im Vituskloster gestorben.

Viele Abteien im Reich haben ihn in ihr Totenbuch eingetragen, so geschätzt und bedeutend ist er gewesen. Nachdem Erzbischof Everger (+999) den Streit mit Lüttich beigelegt hatte, verlief die Entwicklung des Gladbacher Klosters ruhiger. Um 1100 wurde die zweite, von 1180 bis 1275 die dritte *Klosterkirche* gebaut.

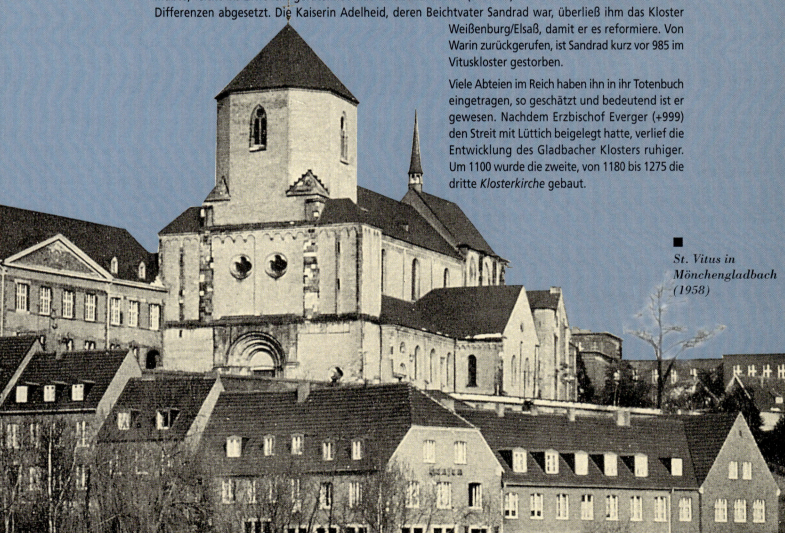

St. Vitus in Mönchengladbach (1958)

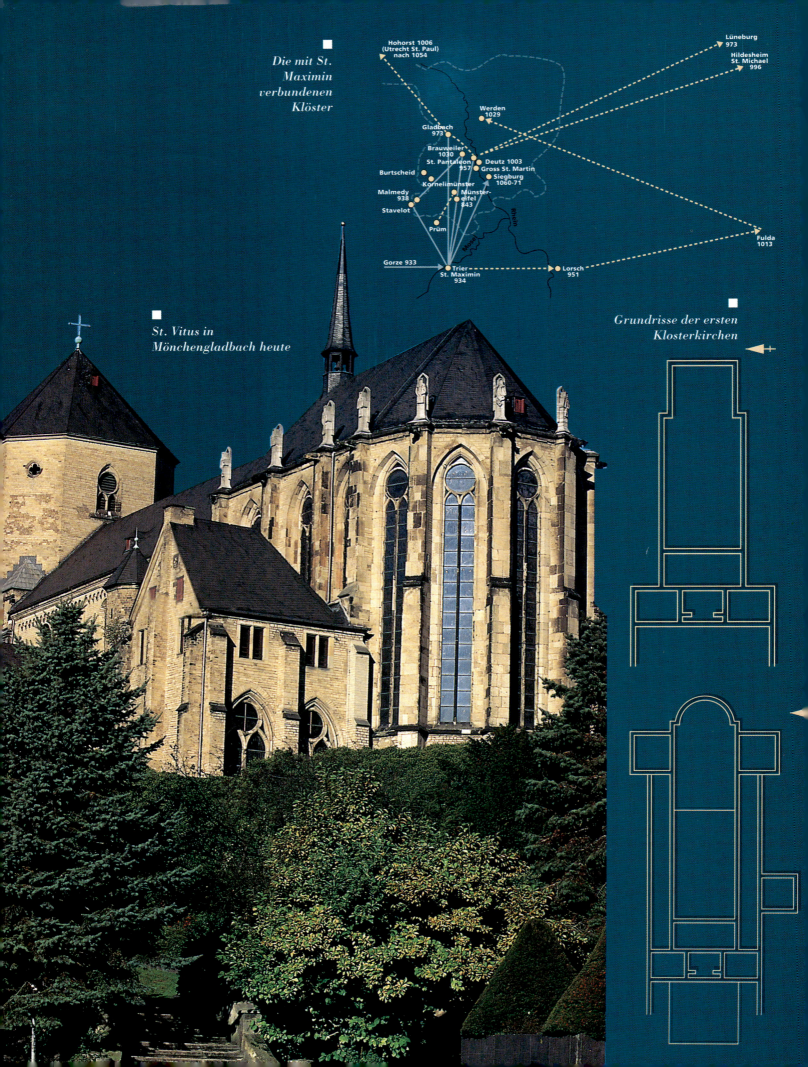

Die mit St. Maximin verbundenen Klöster

St. Vitus in Mönchengladbach heute

Grundrisse der ersten Klosterkirchen

2. BISCHOF WAZO VON LÜTTICH KRITISIERT DEN KÖNIG

Mit dem *Investiturstreit* (1075-1122), der mehr war als ein Kampf Papst Gregors VII. mit Kaiser Heinrich IV. darum, wie zukünftig Bischöfe und Äbte eingesetzt werden sollten, zerbrach die Eintracht von Kirche und Staat. Wann beginnt *seine Vorgeschichte?* Wer hat den entscheidenden Schritt getan, diese Einheit grundsätzlich zu leugnen, und wer, sie zu lösen?

Sicher nicht die Klosterreformer des 10. und 11. Jahrhunderts. Die Äbte von Cluny standen dem deutschen König nahe, und die Reichsklöster erlebten seine Förderung tagtäglich. Einer der entscheidenden Vorläufer Gregors VII. soll *Bischof Wazo von Lüttich* gewesen sein. Als Heinrich III. (1039-1056) Erzbischof Widger von Ravenna auf einer deutschen Bischofsversammlung absetzen wollte, weil er sein Amt schlecht führte, hat Wazo, um seine Meinung gefragt, eine Amtsenthebung durch den Kaiser abgelehnt.

> "Dem Papst", so soll er gesagt haben, "sind wir Gehorsam, euch Treue schuldig. Euch haben wir Rechenschaft zu geben für die weltlichen Angelegenheiten unserer Amtsführung, jenem für die geistlichen. Wenn der Angeklagte sich gegen die Ordnung der Kirche vergangen hat, steht das Urteil darüber meiner Ansicht nach nur dem Papst zu. Hat er sich aber in weltlichen Geschäften, die ihm von euch anvertraut wurden, nachlässig oder treulos gezeigt, so seid zweifellos ihr berechtigt, ihn zur Verantwortung zu ziehen."

Ähnlich lehnte Wazo die Absetzung Papst Gregors VI. ab mit dem Satz, der Bischof von Rom dürfe von niemandem gerichtet werden. Und schließlich antwortete der Lütticher Bischof auf Heinrichs Behauptung, auch er, der König, sei mit heiligem Öl gesalbt, zwischen der priesterlichen und der herrscherlichen Weihe sei ein großer Unterschied. Die Salbung des Herrschers führe zum Tod, die priesterliche dagegen zum Leben. Und um wieviel das Leben mehr wert sei als der Tod, um so höher stehe die Weihe des Priesters über der des Herrschers. (nach Anselm, Taten der Bischöfe von Lüttich) Kam Wazo hier dem *Bruch mit der Reichskirche* und der völligen Ablehnung der Königsherrschaft nicht sehr nahe? Scheute er nur nach außen diese letzte Konsequenz?

Wazos Ermahnungen an den Herrscher stehen in *uralten Traditionen*. Um sein Urteil gefragt, zog er sie für einzelne Rechtsfälle heran. Aber er war weit entfernt davon, die Reichskirche insgesamt in Frage zu stellen. Er selbst hat dem König in der Hofkapelle gedient, seine eigene Einsetzung durch Heinrich III. niemals verworfen. Und dennoch: mehr als vorher betonte Wazo die Würde des geistlichen Standes und die hervorragende Stellung des Papstes in der Christenheit. *Ein geschärftes Rechtsbewußtsein* verlieh den alten Konzilsbeschlüssen und päpstlichen Entscheidungen oder dem, was er dafür hielt, höchste Autorität. Auf ihre Übertretung reagierte die Kirche nun zunehmend empfindlich.

Andere Zeitgenossen gingen in Ton und Inhalt ihrer Äußerungen wesentlich weiter. Ein französischer Bischof nannte den Kaiser ehrlos, nichtswürdig, ja von Gott gehaßt und Stellvertreter des Teufels. Hier waren die Grundlagen des Staatskirchentums aufgegeben. Noch blieb der Verfasser dieser Schrift mit seinen rigorosen Vorstellungen allein. Erst für *Gregor VII.* war der Papst, dem Vorrang und Vorrechte gebührten vor allen Bischöfen und Kaisern, allein heilsnotwendig für das Leben jedes Gläubigen, die Verflechtung von Kirche und Adelswelt, die Einsetzung der Kirchendiener durch den König grundsätzlich Teufelswerk. Das war radikal gedacht, ohne Beispiel, umstürzend, aber mit der sicheren Gewißheit verfochten, einen alten, nur verschütteten Zustand freizulegen.

■ *Heinrich III. von zwei Äbten geleitet (um 1040)*

Warum aber kam es zu diesem radikalen Bruch, zu diesen grundstürzenden Forderungen? Den entscheidenden Schritt tat *die Generation der um 1000/1020 Geborenen*, denen das Freiheitsideal der Reformmönche schon selbstverständlich geworden war. Die Erfahrung der Synode von Sutri, auf der Heinrich III. drei Päpste absetzte, prägte sie. Unerhört war es, daß der Nachfolger Petri in den Verdacht geraten konnte, sein Amt gekauft zu haben. Daß der Kaiser sich unablässig bemühte, die Kirche zu erneuern, und einen würdigen Papst einsetzte, wurde damals auch noch von den später radikalsten Reformern anerkannt. Erst als eine kleine Gruppe von Männern in der *Umgebung Papst Leos IX.*, von Heinrich selbst nach Rom geschickt und sicher alles andere als ein bewußter Revolutionär, die Reformideale auf die Gesamtkirche und ihr Haupt zu übertragen begann, waren die Brücken abgebrochen, ohne daß den Beteiligten dies zunächst klar gewesen sein muß. Vielleicht auch trieben sich die Männer dieses Kreises, empört über die Zustände und Widerstände in Rom, gegenseitig weiter im Erneuerungseifer. Als Kaiser *Heinrich III.* starb und eine schwache Regentschaft für seinen noch unmündigen Sohn das Reich führte, verlor das Königtum die entscheidenden Verbindungen zur Reformbewegung. Ihr erstand in *Gregor VII.* ein Mann, der - koste es, was es wolle - ihre Ideale durchsetzen wollte und allein den Papst zu Gottes berufenem Werkzeug erklärte, um die Freiheit der Kirche (libertas ecclesiae) zu sichern.

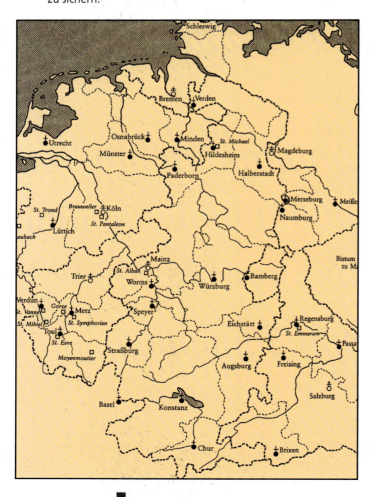

Die Reichskirche in der 1. Hälfte des 11. Jhs.

3
ANFANG, HÖHEPUNKT UND ENDE DES INVESTITURSTREITES

BILANZ EINER EPOCHE

Bischof Wazo von Lüttich hat den hitzigen *Kampf zwischen Königtum und Papsttum* nicht mehr erlebt. 1048 ist er gestorben. Unterdessen regelten die Reformer die Papstwahl neu, und der neue Papst und die Regentschaft gerieten in Streit und versöhnten sich wieder. Und Papst Gregor VII. schrieb seine revolutionären Ansichten auf, verbot dem deutschen König jede Bischofseinsetzung, und der König setzte den Papst ab und der Papst setzte den König ab, und die deutschen Fürsten gehorchten Heinrich nicht mehr und wählten einen neuen Herrscher. Und Heinrich ließ sich von Gregor in Canossa vom Kirchenbann lösen und wurde erneut gebannt, und der König erhob einen neuen Papst und wurde von ihm in Rom zum Kaiser gekrönt, und Papst Gregor starb in der Fremde. Und seine Anhänger nannten die Kaiserlichen abscheuliche Sünder und die Kaiserlichen die Gregorianer gefährliche Neuerer. Und Kaiser Heinrich starb auch. Und endlich haben sich im *Vertrag von Worms* Gregors und Heinrichs Nachfolger verständigt.

Die Reformer hatten *die frühmittelalterliche Welt zerschlagen*. Aus ihren Trümmern erstand eine unabhängige Papstkirche eigenen Rechts. Der König hatte sein eigentliches Ansehen verloren, er war nur noch ein Adliger und Laie wie viele, wenn auch der vornehmste. Die Fürsten waren mächtiger geworden. Und auch Wirtschaft und Gesellschaft und die Welt des kleinen Mannes wandelten sich.

Das Ineinander von Kirche und Welt hatte das Frühmittelalter bestimmt, Könige und Bischöfe und Mönche hatten auch *die Aachener Kirche* geprägt. Nie hatte sie für sich und allein bestehen können, immer wuchs sie durch Hilfe von außen, wurde bereichert durch Fremde. Griechische Kaufleute und römische Legionäre brachten den Menschen am Niederrhein das Christentum, Iren und Angelsachsen, Mönche aus Südfrankreich und Kalabrien vertieften es. Aus ganz Europa kamen sie, in den verschiedensten Jahrhunderten wirkten sie. Und doch einte sie eins: *der Glaube an denselben Herrn.*